排球教练员工作概论

张　然◎著

北京体育大学出版社

策划编辑：李志诚　仝杨杨
责任编辑：仝杨杨
责任校对：米　安
版式设计：水分子

图书在版编目（ＣＩＰ）数据

排球教练员工作概论 / 张然著 . — 北京：北京体
育大学出版社，2024.7
　ISBN 978-7-5644-4057-2

　Ⅰ . ①排… Ⅱ . ①张… Ⅲ . ①排球运动—教练员
Ⅳ . ① G842.2

　中国国家版本馆 CIP 数据核字（2024）第 064294 号

排球教练员工作概论
PAIQIU JIAOLIANYUAN GONGZUO GAILUN

张　然 ◎著

出版发行：北京体育大学出版社
地　　址：北京市海淀区农大南路 1 号院 2 号楼 2 层办公 B－212
邮　　编：100084
网　　址：http : //cbs.bsu.edu.cn
发 行 部：010－62989320
邮 购 部：北京体育大学出版社读者服务部 010－62989432
印　　刷：三河市龙大印装有限公司
开　　本：710mm × 1000mm　1/16
成品尺寸：170mm × 240mm
印　　张：11
字　　数：172 千字
版　　次：2024 年 7 月第 1 版
印　　次：2024 年 7 月第 1 次印刷
定　　价：48.00 元

1930年6月，我出生于福建省漳州市长泰县（今漳州市长泰区）。1949年6月，我参加工作，同年9月加入中国人民解放军，经过近一年的参谋业务培训，被分配到某部司令部参谋处当军事参谋。因任务需要，1951年初，我服从组织安排，改行从事体育工作，成为中华人民共和国第一代专业排球运动员。

我先后在5支排球队〔福建军区（某兵团）排球队、华东军区（某野战军）排球队、八一队、国家队和江苏队〕当过运动员，担任过4支排球专业队（江苏男子排球队一队、二队，江苏女子排球队一队，中国青年女子排球队）和3支排球业余队（南京市男子排球队、东南大学男子排球队、江苏省大学生男子排球队）的主教练。

1999年离休后，由于上级领导的信任与支持，以及我自己对排球事业魂牵梦绕，我依然密切关注排球运动，积极参与国内和国际排球活动。直到进入鲐背之年，我才开始淡出排坛。

我在位任职50年，涉足排坛70余载，在排球事业上倾注毕生精力，没有惊天动地的丰功伟绩，只是脚踏实地做了一些实事。

注重传技育人

我在担任4支排球专业队主教练的过程中，在其他教练员的大力协助与运动员的积极努力下，执教的江苏男子、女子排球运动员中，有十几人被输送到国家队（其中袁伟民、孙晋芳、张洁云、黄秀琴、邸安和、陈琪6人是二传手），孙晋芳、张洁云、殷勤3人荣获世界冠军，袁伟民、邹志华、邸安和3人曾出任国家男子、女子排球队主教练。袁伟民为中国女排参加世界排球三大赛（世锦赛、奥运会排球赛、世界杯）荣获"三连冠"的主教练。

1981—1982年，在地方队教练员精心培养的基础上，我训练的中国青年女排运动员，多人入选中国女排（杨锡兰、苏惠娟、朱晓茹、陈琪4人是二传手），其中杨锡兰等8人荣获世界冠军。

还有更多我执教过的运动员，他（她）们平日埋头苦干，勤学苦练，任劳任怨，甘当人梯，为排球事业付出很多心血。退役后，很多人经过努力获得高级职称，担任相关领导职务或从事其他工作，在平凡的岗位上，继续为国家做贡献。

担当排坛重任

在国家体育运动委员会（以下简称"国家体委"）球类司排球处、国家体育总局排球运动管理中心历任领导的器重与关爱下，以及同行相关人士的帮助与支持下，我顺利完成中国排坛各项重大业务活动。诸如：3次（1977年、1985年、1989年）随国家队赴日本考察国际排球大赛，并撰写考察报告；3次（1972年、1978年、1989年）参与全国排球训练工作会议筹备工作，并执笔书写会议总报告；参加串编、修订《中国排球运动史》，并增写第4编第1至第3章内容，负责统稿工作；撰写《中国大百科全书·体育》排球条目中的"基本技术"；1972—2001年，我先带领江苏队参加全国排球大集训，后担任全国女排甲级队集训组组长，完成十几个冬训任务；多次出任全国排球比赛仲裁委员会主任和技术代表等。

传授专业理论

我自学英语，获得大学英语四级证书。1989年，我通过严格考试取得国际排球联合会（以下简称"国际排联"）高级讲师资格后，受国际排联委派，到一些国家开办国际排球教练员训练班20余次；受国家体委派遣先后到菲律宾、民主德国、越南任援外教练员；3次（1996年、1998年、2015年）应邀赴我国台湾地区讲学；10多次在天津体育学院全国排球高级教练员岗位培训班讲课；曾应邀到北京体育学院（现为北京体育大学）、上海体育学院（现为上海体育大学）、广州体育学院、福建师范大学、南京体育学院、集美大学等高校，为研究生班或排球专业班的学生举办讲座；先后40多次到30多个国家和地区，从事比赛、考察、援外和讲学等工作。

探索训练规律

我有幸成为中华人民共和国成立后排球事业发展过程的亲历者、实践者与见证者。丰富的业务阅历和长期的训练实践，为我了解国内外排球发展动向、学习各方先进训练理念、增长排球理论知识、探索排球训练规律提供了弥足珍贵的经验，也使我有条件把感性的东西，抽象、上升为条理性、规律性的理论。我乐于学习、勤于思索、善于总结、敢于直言，在国内外媒体发表近400篇文章或评论，其中10篇刊载于国际排联技术刊物《排球技术》（Volley Tech），多篇被《体育科学》等核心刊物刊用，并被中国知网收录。我出版排球著作12部，其中合著6部，参与编写的《运动训练科学化探索》获得国家体委体育科技进步奖一等奖。

我曾任职：八一男排、中国男排副队长，南京体育学院副院长，江苏省体育总会专职副主席，江苏省排球协会主席，江苏省体育科学学会副理事长，江苏省政协常委及医卫体育委员会副主任，中国排球协会副主席兼教练委员会主任，中国体育科学学会理事及运动训练学会副主任委员；国际排联技术刊物《排球技术》（Volley Tech）国际通讯员，《体育科学》《中国排球》《体育科学研究》编委或学术顾问；国际排联高级讲师，排球国家级教练员，南京体育学院教授，东南大学名誉教授，福建师范大学名誉教授；等等。

我曾获得江苏省劳动模范称号、新中国体育开拓者荣誉章、中华人民共和国体育运动荣誉奖章、国务院政府特殊津贴等。

如今，我已年逾九旬，虽身体机能不如往昔，但手脚灵活、生活自理、耳聪目明、思路清晰。于是，我试图将我一生当运动员和教练员30多年、在排球界历经70余载的实践经验，以及学习国内外排球教练员、专家的有益知识，梳理、编辑成书，意在传承与发扬我国排球优良的技战术和训练比赛传统，抛砖引玉，以蚓投鱼，或可为排球教练员提供一些必须学习与掌握的基本理论知识。这类书籍，在国内不多见，在国际排联资料中亦少有。

爱因斯坦指出："一切关于实在的知识，都是从经验开始，又终结于经验。"

中国排球有丰富的训练经验、优良的传统、璀璨的女排精神、厚实的文化底蕴。无疑，本书同我国排球渊博的理论宝库相比，或许只是沧海一粟。但我仍期待本书能引起新时代教练员和运动员对业务研究、理论探讨与规律探索的重视，为我国和世界排球运动的发展做点微不足道的努力，为我国排球理论宝库增光添彩，利在当代，泽被后人，将我国排球运动理论水平与训练水平提升到新的高度。

本书大致按照排球教练员的主要任务（选材、训练、比赛、管理）来编写，但有关选材的内容不作论述。这是因为：①选材的内容已有诸多专家学者著书立说，做过全面详尽的论述，不必再拾人牙慧，浪费纸墨；②不同层次和水平的运动员，有其不同的选材标准与要求，业余体校队、地方专业队（一队、二队、三队）及国家队运动员的选材条件各不相同，没有统一的规格。为此，本书对于选材的内容予以忽略。

拙作出版，承蒙国家体育总局排球运动管理中心领导的厚爱与资助，以及人民日报体育部原主任、《新体育》杂志主编汪大昭，北京体育大学校长张剑等的支持与关心，特此表示衷心感谢！

张　然

2024年2月于南京

绪论

第一章　训练

第二章　比赛

目录

绪论

第一节　教练员的任务与目标

教练员的主要任务是选材、训练、比赛、管理。

选材是组建运动队伍、进行系统训练、培育人才的先决条件，选材优良，成功一半。

训练是提高运动技术水平、取得优异成绩、培育人才的主要途径，是运动队日常的中心工作。

比赛是检验训练水平、反映运动成绩、彰显人才成就的平台，也是促进训练工作高质量发展和提高训练质量的有效举措。

管理是卓有成效地完成上述各项任务的有力保证，是建设一支优秀队伍的"压舱石"与"定海神针"。

教练员完成上述4个任务的直接目标是：

提高水平，为在比赛中取得优异成绩、表现良好风格而创造必要的技能、体能与智能等条件。

赛好成绩，显示平日训练成果，展示运动员个人才华，并为所代表的群体争取荣誉。

培育人才，实现运动员本人的梦想与追求，积蓄后备力量，为国家和社会做出应有贡献。

积累经验，为运动技术持续发展、运动成绩不断提升、有用人才不断涌现提供理论支撑。

这4个目标是互相联系、相辅相成的。前一个目标的圆满实现，为后一个目标的成功实践提供有利条件。例如，提高水平，就可能赛好成绩；赛好成绩，必将培育人才；培育人才，可以积累经验；积累经验，又会进一步为提高水平提供良好的条件。如此循环往复，继续前行，就可在原有的基础上，不断提高运动队的运动技术水平。

运动员的成长受多种因素影响，包括党和政府的培养与教育、自身的天赋与勤奋、教练员的传授与指导、队友的帮助与支持等。从业务层面上讲，运动员本人的刻苦努力和各级教练员的能力水平是决定因素。

运动员的成才，是一个从量变到质变的过程，没有量的积累，就无法产生质的飞跃。

20世纪60年代，国家体委在提出"三从一大"训练方针之后，对运动队的训练数量做出规定：每年训练日不得少于280天（除去各种节假日），每天训练不得少于5小时。

1980年，我发表了一篇题为《三年成形、五年成材、八年成器——试谈优秀排球运动员的培养与成熟过程》的文章，文中根据自己的实践经验，概述了一个优秀排球运动员大致的成长过程。我的这个论点，后来被国家体委球类司排球处处长钱家祥精彩解读为："三年打基础，五年出成绩，八年登高峰"。

纵观我国获得女排"三连冠""五连冠"的这批运动员，大都是1971年前后被选入相关的省、区、市、军队排球队，并在1972年开始的大集训中打好了基础；1976年入选由袁伟民教练员重新组建的国家队，又经过5年的磨炼与升华，于1981年11月16日首次荣登世界冠军宝座。尔后再夺5次世界冠军的中国女排运动员，大都也是经历8年左右的成长过程。

1973年，日本日立女排主教练山田重雄率领日立女排来华访问，他在座谈会上介绍说："培养一个世界冠军需要10000小时。"以每年280个训练日（除去各种节假日）、每天训练5小时计算，10000小时就是7年多。

国际排球联合会（简称国际排联）的专家们经过调研认为，世界锦标赛和奥运会的冠军运动员，一般超过26岁（男排）或23岁（女排）。可见，国外世界冠军运动员，也要经过8~10年的系统训练。这与我国女排世界冠军运动员的成才过程如出一辙。

无疑，随着历史的发展、经验的积累、训练的改革、科技的进步、技术的提升，运动员的成长过程会逐步缩短，但眼下这种现象尚未普遍出现。

教练员为完成上述任务、实现上述目标所做的一切努力，实质上就是传技育人。然而由于各种因素，不是每名运动员都能成为世界冠军，但每名运动员都应成为有理想、有道德、有文化、守纪律、爱祖国、有益于人民的人。

第二节　排球教练员的必备条件

教练员要圆满完成上述任务，使自己所带的队伍实现提高水平、赛好成绩、培育人才、积累经验的目标，必须具备一定的条件。除了要遵循国家相关部门规定的"德才兼备，以德为先"等政治要求，从排球专业的特点考虑，排球教练员至少还要具备以下两个基本条件。

一、高度的敬业精神

敬业，就是敬重所从事的事业；精神，是一种工作态度与道德要求。排球教练员的敬业精神，就是专心致志地从事排球事业，其核心是祖国至上、无私奉献的精神。

发扬敬业精神，就要有高度责任感和使命感，兢兢业业，恪尽职守，一丝不苟，任劳任怨，遵守职业道德，在事业上全身心地投入。

发扬敬业精神，就要干一行，爱一行，专一行，精一行，脚踏实地，埋头苦干，认真总结经验，成为本行业的行家里手。

发扬敬业精神，就要努力学习，不断进取，高瞻远瞩，精益求精，勇于创造，敢为人先，攀登新高峰，更上一层楼。

但是，由于时代不同，排球教练员的敬业精神有以下几种不同的追求与表现：

一是发自内心热爱排球的敬业精神，表现为把职业当事业来对待，不计个人得失，不图报酬厚薄，专心致志地工作。20世纪70年代前后的教练员大都属于这一类。

二是以追求功利为主要目标的敬业精神，表现为兑现合同规定的承诺。外聘（国内外）教练员大都属于这一类。

三是上述两者兼而有之的敬业精神。由于时代变迁，价值观多元化，在市场经济环境下，新时代教练员的辛勤劳动及取得的成果，理应得到合理的报酬与待遇，这是无可非议的。然而，历史的经验值得注意，教练员如果过分追求物质利益，就不可能心无旁骛地工作，不可能有真正的敬业精神，而且这种不良风气会传染给运动员，使国家和集体遭受损失。这类教练员水平越高，声名越响，危害越大。古人早有"玩物丧志""贪财失魂"的遗训。这都是值得引以为鉴的。

二、扎实的执教能力

排球教练员同其他运动项目教练员一样，要拥有本专业的理论知识、基本技能和实践经验，熟悉本专业国内外的发展趋势，掌握本专业的技战术发展规律与人才成长法则，了解本专业的训练指导思想、训练内容、训练方法，善于组织与指挥比赛工作，以及有效管理本队日常工作，等等。

此外，排球教练员不仅要讲解示范，对初学者还要手把手地教学，不能只是在场外吹吹哨、喊喊话而已，在教学训练过程中，要有亲自操作的能力。排球的某些训练内容，如攻防训练和二传训练等，必须由教练员亲自操作，既动手动嘴，又动脑用心，这样才能恰如其分地把握好"火候"，达到预期的训练效果。

不动手、不动腿、不动嘴、不动脑、不用心、不用力的排球教练员，不论过去的技术多好、名气多响、学历多高，都是不可能成为带好队伍、称职合格的教练员的。

因此，教练员的以身作则、为人师表、言传身教、榜样力量的全部含义，不应只反映在道德行为层面上，也应体现在实践行动层面上。这样的教练员容易在运动员中树立威望，有利于提升训练成效，加速人才成长。

实践表明，不是每一名优秀排球运动员都能胜任教练员，也不是每一名排球专业毕业生都能当好教练员。排球教练员要有排球教练员特殊的气质、才华与智慧。

金无足赤，人无完人。优秀排球运动员和排球专业毕业生，各有所长，各有所短。前者需要加强理论修养，后者则要补齐实践短板。两者要互相学习，取长补短，相得益彰。

第三节　中国排球教练员的组成结构

中国排球教练员的组成结构：大、中、小学的排球教师主要由排球专业毕业生担任；但在国家队和专业地方队（含业余体校，各省、区、市、军队或俱乐部的排球队，下同），绝大多数排球教练员则由曾经的优秀排球运动员担任。至于外国排球教练员的组成结构如何，我未经调研，不敢妄加评述。

实践是检验真理的唯一标准。中华人民共和国成立70多年来，几代排球教练员艰苦奋斗，积极探索，努力践行，博采众长，找到了一条遵循排球训练规律、恪守排球运动员成才法则、顺应世界排球技战术发展趋势、符合中国排球运动员特点的训练之路，造就了众多聪慧干练的排球教练员，打造了一大批世界级的优秀排球运动员。从20世纪80年代起，中国女排获得了10次世界三大赛（世锦赛、奥运会排球赛、世界杯）桂冠，中国男排也有过辉煌的历史。

自1949年第一届男排世锦赛、1952年第一届女排世锦赛起，迄今为止，在已进行的三大赛中，累计取得10次及以上女排世界冠军的只有3个国家，按时间先后顺序是俄罗斯（含苏联时期）、古巴、中国。男排没有累计得过10次世界冠军的国家，这或许是由于世界男排强队林立，群雄相争，因此少有一骑绝尘、一家独大的佼佼者。

中国女排曾荣获10次世界冠军，主教练按时间先后顺序分别是袁伟民（3次）、邓若曾（1次）、张蓉芳（1次）、陈忠和（2次）、郎平（3次）。由于历史原因，他（她）们大都没有较高的学历，但都曾经是排球运动员，都有多年的运动经历、丰富的训练实践、过人的聪明才干。

水涨船高，民富国强。只有高水平的地方队教练员，才能训练与培养出出类拔萃的运动员，源源不断地为国家队输送高水平后备军。

师高弟子强。不可否认的是，没有地方队教练员打好基础，精心培育优秀运动员输送到国家队，就不可能有中国女排的10个世界冠军。

强将手下无弱兵。同样，没有国家队教练员潜心打造，悉心栽培，细心磨合，精心指挥，中国女排不可能把10个世界冠军收入囊中。

排球运动员的培养与成长过程，具有一定的周期性、连续性和继承性。不同层次的排球教练员，各有不同的作用，既不能互相混淆，也不可越俎代庖，更难以截然分开。从来没有一个世界冠军运动员是由某一名教练员一以贯之、"一手培养"出来的。

第四节　中国排球教练员誉满天下

在国际上，中国排球教练员的技术能力与执教水平，有目共睹、有口皆碑。对此，我们应当充满自信，引以为傲。

1986年，时任国际排联教练委员会主任霍斯特·巴克（Horst Baacke）在上海举办国际排球教练员训练班（二级），我被聘为教员。参加培训的都是我国排球一线队教练员。巴克对中国教练员的技术能力惊叹不已，赞赏有加，他对国家体委国际司翻译官刘军说，这是他走遍世界所看到的最有水平的教练员训练班。

1989年，当时号称体育强国的民主德国的体育部门，通过国家体委邀请我去为其国家男子排球队专门训练3名二传手。该国男子排球队在历史上曾经获得过两次世界冠军，但在当时，其水平并不突出。这3名二传手求技若渴，全身心投入训练的态度，令我感叹不已。经过两个月的训练，他们的技术水平提高很快，在当年欧洲锦标赛上，该国男子排球队虽只获得第9名，但其主力二传手荣获最佳二传手称号，这个桂冠通常是戴在冠军队二传手头上的。这不是我个人的功绩，而是中国排球教练员成功实践的体现。

在民主德国训练二传手的两个月里，他们全程录像，并制成录像带。巴克以其国际排联教练委员会主任的身份，将录像带在欧洲排球界传播开来。1991

年，我受国际排联委派，去昔日雄冠世界排坛的捷克斯洛伐克，担任国际排球三级（最高级）教练员训练班的教员。学员大都是欧洲国家的教练员。

20世纪80年代以来，我国排球援外教练员的足迹遍布世界各大洲，不仅有发展中国家，而且有发达国家。他们所到之处，无不备受欢迎。美国大学或俱乐部的排球队，很多都聘请中国教练员为其培训后备人才。如今，欧洲国家一些排球队的教练员，可能是昔日中国援外教练员的弟子、后裔。

以上事实说明，中国排球教练员的技术能力与执教水平，在国际排坛受到了广泛的认可与肯定。

当然，我们要有自知之明，既不妄自菲薄，也不夜郎自大；要居安思危，谦虚谨慎，不断进取，砥砺前行。

我国各级排球教练员，要重视业务研究，认真总结经验，加强理论学习，向实践学习，向书本学习，向一切有本事、有经验的人学习；既要学习我国排球训练发展史，也要学习唯物辩证法等；要在干中学，在学中干，干到老，学到老，求知若渴，学而不厌。

值得注意的是，我们过去有些行之有效的训练经验和优良技术传统，如全面熟练的技术、快速多变的打法等，被外国人学去之后，给我们来了一个"回马枪"。

发展高度，补短强攻，是必要的；但要防止忽视继承与发扬自己的技术优势和传统特点。

扬长补短，首先是扬长，其次才是补短。倘若过分强调补短，忽略甚至摈弃扬长，岂不是买椟还珠，本末倒置。

中国排球教练员的技术能力与执教水平，是几代排球人实践经验和历史积淀的结晶，是来之不易、弥足珍贵的财富。我们应当不遗余力地继承与发扬这笔财富，守正创新，使我国排球事业不断发展，使排球运动技术水平攀登新的高峰。

第一章

训练

训练是运动队日常的中心工作，是提高运动技术水平、取得优异成绩、培育人才的主要途径。

中华人民共和国成立以来，中国排球界人士历经艰难探索，跌宕起伏，到20世纪70年代中后期，找到了一条遵循排球训练规律、恪守排球运动员成才法则、顺应世界排球技战术发展趋势、符合中国排球运动员特点的训练之路。20世纪80年代，全国排坛多强对抗格局形成，技术腾飞，中国女排夺取"三连冠""五连冠"，中国男排也有过辉煌的一页。20世纪90年代，由于种种原因，我国排球走过弯路，进入低谷。21世纪初叶，女排中兴，走出低迷，由衰转盛，先后又获得5次世界冠军。2021年，中国女排又经历了第32届夏季奥运会失利之痛。中国男排虽不懈努力，但在国际排坛仍处于中下游。

70多年来，中国排球无论成功的经验或失败的教训，都是宝贵的，有时失败的教训比成功的经验更宝贵。无论成功或失败，原因都是多方面的，但无一不与训练问题相关联。

排球训练工作，涉及内容广泛。本章将对训练涉及内容进行探讨。

第一节　把握训练指导思想

一、什么是训练指导思想

任何教练员，无论是领导任命、俱乐部聘请，还是毛遂自荐，当接受带领一支运动队的任务时，首先要想到的是如何设想与谋划这支运动队的技战术发展方向。这说的就是训练指导思想，或称为训练理念、技战术指导思想，也有人称其为制胜规律。

训练指导思想是指一支运动队在训练和比赛中，指导自己行动、形成技战术特点与风格的理论原则与行动指南，是高水平运动队技术进步和战胜对手必不可少的重要因素。

二、训练指导思想的意义

教练员带领队伍，有了正确的训练指导思想，才能提高运动技术水平，形成威慑对手的战术风格。否则，其训练就带有很大的盲目性或莽撞性，也可能把训练引向歧途。

人们认识事物的顺序与规律是：实践产生理论，理论指导行动。任何计划实施，理论必须先行。理论繁荣，催生技术发展。理论贫乏，导致技术滞后。理论导向错误，必将引发技术倒退。只有把握正确的训练理论，才能实施正确的训练行动。

一切技战术，都是由人去掌握与运用的，而人是有思想意识的，人的一切技战术行动，无不受一定的思想意识支配。然而，正确的训练理论，未必会被每个人所理解与接受。

训练指导思想是技战术行动的先导。先进、正确的训练指导思想来源于训练与比赛实践，又反过来指导训练与比赛实践，促进运动技术水平的提高，并在实践中不断完善、丰富与发展。

教练员是训练、比赛的主导者，要根据运动员的体能、技术和智力等条件，在正确的训练指导思想引领下，经过长年累月的细致工作，塑造运动员技术形象，形成运动队战术风格，实现全队培养目标。

运动员是训练、比赛的主体，要在教练员的指导下，通过自身勤学苦练，充分发挥积极性、主动性和创造性，成为攻守兼备、有勇有谋的优秀运动员。

因此，掌握与运用先进、正确的训练指导思想，对于培养技术特点、形成战术风格、提高整体水平、造就优秀人才、实现指挥意图、争取比赛胜利有着重要的理论意义和实践意义。

三、我国排球训练指导思想的沿革

我国排球训练指导思想，是几代排球人在长期实践中，通过探索、总结和抽象而逐步形成、完善与发展的。

1955年3月，国家体委在天津召开全国运动员训练工作会议，提出球类运动要贯彻"积极、主动、快速"的战术指导思想。这一指导思想体现了中国运动员积极进取的精神，适合于包括排球运动员在内的所有球类运动员的身体条件和技术特点，为当时我国排球技术、战术训练指明了发展方向。

1958年，国家体委在成都召开全国排球教练员训练研讨会，针对当时排球训练中存在技术片面、重攻轻防的问题，提出了"技术全面、战术多样"的指导思想。"技术全面"是六人排球最基本的特点，"战术多样"则是我国排球技术和战术的发展方向。这表明我国排球界对排球训练规律有了初步的认识。

1972年，国家体委在北京召开全国三大球训练工作会议，根据当时世界排球的发展和我国排球运动的状况，进一步提出"在技术全面的基础上，以攻为主，积极防守，发展高度，加强配合，实现快、狠、准、活"的战术指导思想。这一指导思想总结了我国排球训练20年的发展经验，反映了当时人们对排球训练规律的认知水平。

1977年成立的、由6位老教练员和科研人员组成的中国排球考察组（包括我在内），首次随同中国国家男子、女子排球队赴日本参加世界杯比赛。考察组通过观摩世界各强队在比赛中的技战术情况，进行认真细致的分析研究，并在其考察报告中，提出"全、高、快、变"是当代排球运动的发展趋势与特点，为在"文化大革命"中被禁锢多年的排球训练工作指明了方向。

1978年，国家体委在漳州召开全国排球工作会议，时任国家体委球类司排球处处长钱家祥，根据20世纪70年代中期国际排坛的发展趋势，对排球训练指导思想做了修改和补充，提出了"在技术全面的基础上，发挥各队特长，向全攻全守型发展，坚持快速，发展高度，狠抓发、扣、拦三项得分技术，力争网上优势，以全面、快速、高度、灵活、准确的打法，争取主动，夺取胜利"的指导思想。这一指导思想突出了"全攻全守"及防守反击的得分手段，对原先"以攻为主"的提法进行了修正。

1989年，在北京召开的全国排球训练工作会议上，与会代表和众多专家经过充分研究与论证，并经排协领导人袁伟民审定，把我国排球战术指导思想概括为"技术全面，突出特点，准确熟练，快速善变，发展高度，不断创新"，并在会议纪要中对这6个词的内涵做了相应的阐述。这一指导思想，体现了排球训练的基本规律，恪守了排球运动员成才法则，反映了世界排球技战术的发展趋势，彰显了我国排球传统特点与改革创新的新理念。

2001年，在北京召开的全国排球训练工作会议上，国家体育总局排球运动管理中心根据当代世界排球的发展特点和我国排球运动员体能状况，在1989年提法的基础上，补充了"加强体能"的内容，提出我国现阶段的训练指导思想是"技术全面，突出特点，准确熟练，快速善变，发展高度，加强体能，不断创新"，进一步完善了排球训练指导思想的内容。

四、我国现阶段排球训练指导思想的内涵

针对我国现阶段排球训练指导思想的内涵，可作如下解读。

技术全面：运动员必须加强基本功和基本技术训练，全面掌握各种攻防技术，力求做到能攻善守，攻守兼备。

突出特点：要在技术全面的基础上，使队有特点、人有特长，强化得分手段，夯实各项基本技术。

准确熟练：运动员对技战术的掌握与运用，必须重视在加强个人技术能力基础上的集体配合，提高成功率，降低失误率。

快速善变：快速善变的打法是我国排球队的优势和特点，必须加以坚持与发扬，同时注意弥补弱点，提高拦防和反攻能力。

发展高度：要加强高大队员的全面训练，使其练好基本技术，提高强攻能力，争取与欧美强队同场竞技时在地面占先机、在空中打平手。

加强体能：要在加强运动员一般身体素质训练的基础上，发展其专项素质，提高其全面身体素质水平，为其掌握高超技术、延长运动寿命、缩短体能上与欧美强队的差距打下坚实的物质基础。

不断创新：要在实践中总结经验，博采众长，善于探索，大胆创新，不断创造新的技战术，力求走在世界前列。

根据我现在的认知水平，我国排球训练指导思想只需"技术全面，发展高

度，注重速度，灵活变化"16个字就可以概括，因为"加强体能"和"不断创新"是一种工作措施与业务安排，不属于技战术特点的范畴；我国排球训练指导思想也可概括为"全、高、快、灵"4个字，每个字都有它丰富的内涵。此外，为什么用"灵"而不用"变"？"灵"的含义可能比"变"更广泛和确切。当然，这些只是我个人的认知与建议，仅供参考。

五、中外排球专家不谋而合

耐人寻味的是，巴克把当代世界排球发展的趋势与特点，概括为"VHP"3个英文字母［引自国际排联《教练员手册》（*Coaches Manual*）］：

V为Velocity and variety of play（快速多变打法）；

H为Height of action above net（占据网上优势）；

P为Perfection of skills（完美无缺或全面熟练的技术）。

中外排球专家对排球规律的认知，竟如此不谋而合，颇有异曲同工、殊途同归之妙。可谓英雄所见略同。这恰恰说明，中外排球专家对排球发展规律认识的客观性、全面性和正确性。

人们不难发现，中外排球专家对世界排球发展规律的认知，有以下共同点：

一是普遍性。专家对世界排球发展趋势的论断，都是遵循排球运动自身规律，顺应技战术最新动向，符合比赛制胜策略，适合运动员成才法则的，因而具有放之四海而皆准的普遍性。

二是独特性。由于各个国家和民族的差异性，其技战术不可能千篇一律。例如，亚洲和南美洲排球队擅长快速多变的打法，而欧洲和北美洲排球队惯用高打强攻。即便是同一国家不同的排球队，打法也千差万别，风格各异。

三是兼容性。世界上不同类型和特点的排球队，通过国际大赛与友好交流，可以互相借鉴，互相学习，取长补短，不断丰富与发展自身技战术的内容，达到互相兼容、共同提高的目的。

四是客观性。世界排球发展趋势具有客观存在的规律性，不以人们主观意志为转移，也不是任何人心血来潮臆造出来的。如重攻轻守、重扣轻防、重赛轻练、以赛代练等，都是违背排球客观发展规律、背离世界排球发展趋势的。

中外排球专家对世界排球发展趋势的认识，是在实践的基础上，经过反复研究论证和抽象概括而形成的，是世界排球人集体智慧的结晶，是非常珍贵的财富，也是对世界排球运动的贡献。

诚然，排球运动同任何事物一样，是发展变化的，但只要竞赛规则不作实质性修改，排球训练的基本规律，如技术全面、攻防均衡、快速灵活等，是永恒的主题，改变的只是局部的技战术。

六、历史的经验值得借鉴

我国现阶段的排球训练指导思想的实质就是扬我所长，补我所短，攻其不能，抑其所长，你有你的优势，我打我的特长。

在具体运用上，对阵人高马大的欧美强队，我们必须把握地上技术的优势，坚持快速多变的打法，形成独特的防反风格，同时提升扣球和拦网技战术水平，积累与其在网上抗衡的可靠资本，进而夺取胜利；否则，本来网上就不占优势，如果连地上技术都不如人家，则必败无疑。

而应对全面型的巴西队、日本队、泰国队、韩国队等，我们具有网上优势，但地上技术必须同其不相上下才能占据主动；否则，网上优势必将失去支撑，取胜的难度加大。我国排球这种"田忌赛马"式的策略，在历届世界大赛中屡试不爽。无论是夺得20世纪80年代"五连冠"、身高不如外国人的中国女排，还是夺得2016年里约热内卢奥运会冠军、身高毫不逊色的中国女排，都无可争辩地证明了这个真理。

毋庸讳言，我国竞技排球在前进道路上，也曾走过弯道，有过挫折与失败。究其原因，无不是背离了正确的训练指导思想，或误入了重攻轻守的训练歧途，或盲目追求外国人打法，或抛弃自身技战术特点，或指挥失当，等等。

历史经验表明，违反排球运动普遍法则，违背排球比赛制胜规律，摈弃自身传统技术优势，是会付出代价的。这不是危言耸听，而是残酷的事实。

一支运动队的成功与进步，教练员个人的能力、智慧、威望、魅力等无疑至关重要，运动员的基本身体条件和技术能力等因素更是不可或缺的。然而，教练员不可能终身执教，运动员也面临新老交替。因此，从业务层面上说，在同等条件下，只要带队的教练员遵循正确的训练指导思想，把握比赛制胜规律，发扬优良传统，不断改革创新，中国排球就会永葆青春，长盛不衰。

七、如何贯彻训练指导思想

（一）要统一全队思想

训练指导思想是行动的指南，不是空洞的口号。不要束之高阁，弃之不用，说在嘴上，言而不行。全队要认真学习与讨论训练指导思想，提高对其含义与作用的深刻认识，了解其全部内涵，这样才能在训练和比赛中有明确的奋斗目标和努力方向。

（二）要制定具体措施

根据我国排球训练指导思想的要求，结合本队的实际条件，制定符合本队情况的训练指导思想与具体措施，提倡与鼓励多种不同打法与技术风格的共存与竞争，而不是全国"只此一家，别无分店"。

（三）要落实于日常训练之中

把制定的训练指导思想与具体措施，落实于日常训练之中，贯彻于每个技术、战术行动上，以逐步形成自己的技术打法和战术风格，完成本队的训练任务，实现本队的奋斗目标。

八、要处理好几个关系

教练员在贯彻训练指导思想过程中，要处理好以下几个关系。

（一）当前水平与长远目标的关系

既要从本队的当前水平和实际条件出发，又要有一个经过努力可以达成的长远目标。从当前水平出发，可以使训练工作真正落实，使运动员脚踏实地前进；有长远目标，可以增强预见性，避免盲目性，激励和调动运动员的上进心与积极性。因此，教练员应当根据当前水平与长远目标，制订切实可行的阶段计划，以便有步骤地贯彻训练指导思想。

（二）独特性与多样性的关系

就全国而言，在一定时期内，往往会有一种打法居于主要地位，在比赛中具有威力。如果这种打法既反映了当前排球发展规律，又符合我国的实际情况，就可以把这种打法作为独特的基本的打法加以提倡。各队应从中汲取经验，丰富和发展自己的打法，但是，决不能因此否定与排斥其他打法。相反，要贯彻"百花齐放、百家争鸣"方针，提倡不同风格竞争、多种打法并存。否则，不但其他打法得不到发展，而且这种独特的打法也很难得到提高。因为任何事物都是在矛盾斗争中发展的，没有多种不同打法之间的互相较量和促进，我国排球运动水平的提高就会受到影响。技术打法的独特性与多样性是矛盾的统一，如果只承认技术打法的独特性而排斥其多样性，就会阻碍各种技术的发展；如果只追求打法的多样性而不重视培养其独特性，就会出现技术打法滥而粗、多而杂的缺陷。

（三）继承与革新、学习与独创的关系

任何一种技术与经验，都是历史的、社会的积累。要掌握技术、获得经验，除了通过自己反复的实践，还离不开向他人学习。只有认真继承前人的经验，虚心学习他人的经验，"古为今用""洋为中用""他为我用"，才能更快地提高自己的水平。但是，继承不是照搬，学习不能代替独创。继承应是批判地继承，学习应是创造性地学习。只继承不革新，只能停留在原有水平上，甚至倒退；只模仿不独创，他人的经验永远不会变成自己的东西。要赶超世界先进

水平，我们不能跟在别人后面一步一步地爬行。因此，教练员在贯彻训练指导思想和培养技术风格的过程中，必须破除迷信，解放思想，勇于实践，敢于创新，认真总结经验，坚决走自己的道路。既要防止故步自封、墨守成规、拒绝学习先进的东西，又要反对迷信洋人、盲目崇外、毫无批判地照搬和模仿。

（四）培养技战术风格与苦练硬功夫的关系

技战术风格是技战术比较成熟的表现，是技战术达到较高造诣的反映。没有过硬的本领，就谈不上什么技战术风格。要熟练掌握高超的技战术，就要从难、从严、从实战出发，进行大运动量训练。因此，教练员在贯彻训练指导思想过程中，应把培养技术风格同苦练硬功夫紧密结合起来。

第二节　读懂技术内在联系

一、什么是排球技术

排球技术是指运动员在训练和比赛中，在恪守排球竞赛规则、遵循人体运动科学原理、依照正确的技术要领的前提下，所采用的各种击球动作。

排球技术的分类，因角度不同而提法各异。体育院校把它分为五大技术（发球、垫球、传球、扣球、拦网）；但根据竞技排球的实际应用情况和国内外排球队相沿成习的称谓以及国际排联《教练员手册》的资料，排球技术分为发球、一传（接发球）、二传、扣球、拦网、防守（接扣球）六大技术，以及作为这些技术重要组成部分的准备姿势与移动。

二、排球技术发展的规律与特点

排球运动自1895年诞生以来已经有100多年的历史，随着实践的深入、训练的进步、竞赛的改革、经验的积累及国际的交流等，排球技术不断地发生着变化，并具有一定的规律与特点。教练员要以敏锐的眼光和战略头脑，仔细观察，及时发现其规律与特点，认真梳理，为我所用，以推动排球技术水平的提高与发展。

（一）排球技术发展的规律

纵观国内外排球历史发展的过程，排球技术有如下的发展规律。

1. 攻防技术的矛盾对抗，促进了技术的发展

排球各项技术之间既矛盾又联系的关系，促进了技术的发展。例如，20世纪60年代随着发飘球的出现，接发球由上手传球演变为前臂垫球；20世纪七八十年代随着跑动进攻的产生，出现了换位拦网和重叠拦网等。

2. 竞赛规则的修改，引发了技术的创新

每次竞赛规则的修改，都会引发技术的创新。例如，1965年排球竞赛规则改为可以伸手过网拦球，中国排球界首创了"盖帽"拦网技术；1977年排球竞赛规则又改为拦网触手仍可击球3次，引起了各种快速多变的技战术的广泛运用；等等。

3. 运动员选材和体能条件的改善，催生了技术的变化

良好的身体条件和体能水平是提高运动技术水平的物质基础。随着运动员身材高大化和弹跳力等素质的提升，高点快球、超手扣球、后排扣球、跳发球等技术应运而生。

4. 训练方法的改革与创新，推动了技术的进步

任何技术进步，都是通过科学、系统、刻苦的训练实现的。"两严"训练方针、多学科综合训练，以及多球训练法、串联训练法、对抗训练法等被广泛采用，促使教练员、运动员更深刻认识与掌握排球训练内在规律，提高了训练的密度、强度和质量，从而推动了技术的进步。

5. 各种国际竞赛与友好交流，推动了技术的发展

在国际竞赛中出现的某些新技术、新打法，会很快被人们学习和引进，并加以发展与提高。例如，中国的快球及其变化、日本的发飘球和滚翻救球、波

兰的后排扣球、巴西的立体进攻等，都是在国际竞赛与友好交流中被仿效与推广的。

6. 传统打法的借鉴，推动了技术的发展

亚洲排球队擅长快速多变的打法，欧美排球队惯用高打强攻，双方可以互相交流、借鉴与引进，以此推动技术发展。

（二）排球技术发展的特点

排球技术在发展过程中，通常具有以下特点。

1. 改进与完善原有技术

改进与完善原有技术，使技术得到提高与发展。例如，提高二传击球点和出手速度，就加快了快攻节奏；提高扣球击球点，就出现了超手扣球、高点快球等。

2. 移植其他技术

相同或相似的技术，可以互相借鉴和移植。例如，把扣球技术用于发球，就形成了跳发球；网球的快速移动和跨步动作也可运用于排球的防守技术等。

3. 创造新的技术

由于技战术发展的需要，教练员和运动员在长期实践中，总会创造出各式各样的新技术。例如，快球、跳发球、后排扣球、滚翻救球、鱼跃救球等技术，都是通过实践而创造出来的。

4. 偶然变为必然

在训练和比赛中，偶然会出现非传统的动作，但经过教练员和运动员的琢磨、钻研和提升，就会变为正规的技术。例如，发飘球、短平快球、勾手扣球、单手跳传等，都是如此产生的。

5. 进攻先于防守

由于攻防双方的矛盾对抗关系，新的进攻技术被发明，与之相对抗的防守技术必然随之出现。变线扣球与空中移位拦网、跑动进攻与换位拦网等，无不如此。

6. 技术先于战术

技术是组织与运用战术的基础，有什么技术，才能打什么战术，技术的发展往往走在战术的前面，有了新技术的出现，才会有新战术的运用。例如，发飘球的出现，改变了接发球的阵型；后排扣球的运用，孕育了立体进攻战术；等等。

7. 男女排互相借鉴

男排和女排之间，倘若出现新的技术打法，如女排的发飘球和滚翻救球、男排的跳发球和后排扣球等，都会相互学习与仿效。

了解和掌握排球技术发展的规律与特点，有助于教练员和运动员在实践中开阔视野、拓宽思路、认真思考，关注技术发展的新动向，研究提升技术水平的新途径，努力探索，不断发现，积极创造并大胆运用新的技术。

三、排球技术的对立与联系

宇宙万物，是互相联系、发展变化的，而不是彼此孤立、静止不变的。同样，排球的各项技术之间，有着微妙的辩证关系。

就比赛双方的关系而言，排球技术有4对矛盾，即发球与一传、扣球与拦网、扣球与防守、拦网与保护。它们之间既互相对抗，又互相促进，前一项技术（如发球等）的提高，不但是对与其相对立的后一项技术（如一传等）的制约，而且是对后一项技术的促进；同样，后一项技术的发展，会促使前一项技术的水平进一步提升。

就球队内部的关系而言，排球技术有6种关联，即一传与二传、二传与扣球、扣球与保护、拦网与防守、发球与拦网、发球与防守。它们之间既互相联系，又互相制约。前一项技术（如二传等）的优劣，必将影响与其相关联的后一项技术（如扣球等）的发挥；当然，后一项技术的良好运用，也可在一定程度上弥补前一项技术的不足。

只有保持排球技术之间这种既对抗又促进、既联系又制约的关系的相对均衡和协调的发展，才能在训练中促进运动员技术提高，在比赛中保证运动员技术发挥，使队伍最终赢得比赛胜利。任何片面强调某一方面而偏废另一方面，或孤立地训练某些技术而忽视其他技术，都会造成某些环节的弱化，影响运动员全面发展，阻碍运动员技术提高，干扰运动员技术进步，制约运动员技术发挥，进而导致比赛失利。

再者，进攻与防守是互相依赖、互相制约的。一方面，防守是进攻的基础，排球的一切进攻，大都从防守开始，只有成功的防守，才能保证进攻的实现；另一方面，进攻是防守的继续，排球的一切防守，都是为了进攻，没有有效进攻，防守的一切努力也就失去了意义。同时，防守的加强，可以保证进攻的顺利；进攻的成效，可以减轻防守的压力。因此，进攻与防守，如同人的两条腿，要协调发展，不可偏废，攻强守弱或守强攻弱都难以在激烈的对抗中取胜。

排球各项技术，从理论上讲包括多得分的技术、少得分的技术、不得分的技术，如扣球、拦网和发球是多得分的技术，而一传、二传和防守是少得分甚至不得分的技术。多得分的技术固然十分重要，少得分和不得分的技术绝非无足轻重，因为没有后者的有力保证，前者就难以充分发挥。显然，只重视练好多得分的技术，而忽视那些少得分和不得分的技术，归根结底还是不能打胜仗；只注重抓发球、扣球和拦网，鼓吹"攻势排球"或"发扣拦三角形"，而忽视技术的全面发展，最终只会误人子弟，毁了人才。

技术全面，攻防均衡，是排球训练永恒的主题，世界强队，无不如是，男女高矮，都不例外。业界有人认为，当今排球比赛的胜负，"斗争的焦点在网上"。此话只说了一半，还有同等重要的另一半是"较量的基础在地上"。没有一传、防守、二传和保护等地上技术的可靠保证，纵然有网上进攻优势也难以发挥；网上攻势越强，对地上技术的要求越高。这如同只有核弹头而没有运载火箭，核弹头就会变成一堆废铜烂铁；核弹头吨位越高，运载系统就要越完善。

总而言之，排球各项技术是密切联系、互相制约、互为条件、相辅相成的。重攻轻守或重守轻攻的论点或行动，都违背了排球训练规律，绝不可取。

教练员只有真正读懂与践行排球技术的内在关联，才能在训练中举一反三，触类旁通，事半功倍，加速提高运动员技术水平，加快运动员成长过程；才能在比赛中高瞻远瞩，纵览全局，成竹在胸，带领全队掌握比赛主动权。

四、正确认识排球技术内在联系的重要意义

每球得分制的实施，影响着某些技术在比赛中的地位与作用，但并没有改变排球各项技术之间的内在联系。正确认识排球各项技术之间的内在联系，对排球技术教学与训练具有重要意义。

（一）利用排球技术之间的对抗关系

教练员要统筹安排各种对抗技术之间的教学与训练，使各种对抗技术之间互相促进，不断提高。特别是高水平运动员，应多在激烈对抗中进行训练，以提高技术的运用能力，促进技术的发展。

（二）遵循事物"不平衡—平衡—新的不平衡"的规律

教练员要采取措施对相互对抗的技术进行突破性训练，以不断打破其平衡，制造新的不平衡，再努力促使其平衡。不平衡是绝对的，平衡是相对的。循此往复，不断进取，才能攀登新的技术高峰。

（三）加强各个技术环节之间的串联训练

在技术串联训练中，动作要衔接，转换应及时，行动有预见，配合须紧密；强调前一个技术的完成要为后一个技术的发挥创造有利条件，后一个技术的努力要弥补前一个技术的不足。高水平运动员，应多在快速运动中、突然变化中和连续动作中进行训练，以提高技术运用能力和临场应变能力。

（四）统筹安排与全面提高各项技术

每球得分制要求运动员掌握的技术必须全面，无论是多得分的技术、少得分的技术还是不得分的技术，都不可偏废。自由人可以在一定程度上弥补高大

队员的不足，但不能替代其全部功能。不同位置的运动员在训练上可以有所侧重，技术上可以有所专精，但前提条件是技术必须全面。能攻不善守或能守不善攻的运动员，都不能够称为高水平运动员。在一定时期内重点训练与提高某一技术（如扣球或防守等）是可以的，但同时要兼顾与带动其他技术的提高。挂一漏万、厚此薄彼的训练方法，绝非良策，不值得提倡。

第三节　认识战术辩证关系

一、什么是排球战术

排球战术是指运动员在训练和比赛中，根据排球运动客观规律、彼我双方具体情况和临场发展变化，所运用的合理技术和有效配合，即所采取的有组织、有目的、有策略的行动。

排球战术可以分为集体战术和个人战术。两人及以上采取有战术意图的配合行动为集体战术，个人运用有战术目的的技术打法称为个人战术。

由于排球比赛的一切进攻（除发球和扣探头球外）都从防守（接球）开始，而且防守与进攻密切联系，互相转换，防中有攻，攻中有防。排球的集体战术可以分为：接发球及其进攻，俗称一攻；接扣球及其进攻，称反攻；接拦回球及其进攻，称保攻；接没有攻击性的球（传球、垫球）及其进攻，称推攻。这4个战术系统，也可以统称为一攻和防反（后者含反攻、保攻与推攻）两大战术系统。

这两大战术系统中，对高水平运动队而言，防反战术系统的运用次数最多、运用频率最高、组成难度最大，也是得分最主要手段，涵盖拦网、后排防守、调整二传和反攻扣球4个环节。在训练和比赛中，教练员务必高度重视这两大战术系统。

二、正确认识排球战术辩证关系的重要意义

教练员和运动员在进行战术训练的过程中，首先要正确认识与处理好排球战术的几个辩证关系。这对于加强战术的组织与实施、把握战术的训练与运用、深化战术理论认知、提升战术素养、提高战术的前瞻性和自觉性、减少战术的随意性和盲目性，具有重要的理论意义和实践意义。

关于排球战术辩证关系的基本理论，20世纪70年代中叶之前，在中国体育教科书上未曾见过，亦未见国际排联提及此相关内容。1975年，我根据自己的实践经验，写了一篇题为《排球技术、战术若干理论问题的商榷》的文章，被收录于由几名排球教练员合著的《排球技术、战术训练法》（人民体育出版社，1976年出版）一书中。文章率先论述了排球战术辩证关系的内容。

拙作面世后，得到了排球界的广泛关注。1979年人民体育出版社出版的体育系通用教材《排球》中的第三章第一节"有关战术的几个问题"，1999年全国体育院校教材委员会审定、人民体育出版社出版的《排球运动》中的第四章第一节"排球战术的基本理论"，等等，都引用了我这篇文章的相关内容。知名学者马启伟教授担任北京体育学院院长时期，就把我的这篇文章作为他教授的排球研究生班的必读文章。1990年国际排联技术刊物《排球技术》（*Volley Tech*）2月刊，也刊载了我的这篇文章。

这似乎可以说明，排球战术的辩证关系对于排球战术训练的重要意义。体育院校的本科生和研究生尚且如此重视，那么，作为专业队或职业队的排球教练员和运动员，更不可等闲视之，认为其无足轻重。

三、排球战术的辩证关系

在排球战术训练与运用的过程中，存在着诸多既对立又统一的辩证关系。

（一）一攻与防反的关系

一攻与防反，是排球训练与比赛中运用的两大战术系统。一攻是指在接起

对方发球时所组织的第一次进攻，防反是指在防起对方扣过来、拦过来、推过来或处理过来的球时所组织的反攻。一攻与防反，各有其不同的功能与作用。虽然在竞赛规则中的发球得分制修改为每球得分制后，一攻在比赛中的地位有所提高，但防反在排球得失分的规律中，仍具有重要的作用。

1. 一攻战术的特点

一攻的过程包括一传、二传和扣球3个互相衔接的环节。一传是组织一攻战术的先决条件，只有准确无误地接起对方攻击性的发球，才能组织卓有成效的一次进攻。一攻战术的运用及变化，在很大程度上取决于一传到位的情况。二传是组织一攻战术的核心，一攻战术是否组织得灵活善变、得心应手，要看二传能不能做到：对己"投其所好"，传其所要；对彼隐蔽意图，迷惑对手。扣球是完成一攻战术配合的最后一击，是决定一攻战术质量的关键。成功的扣球要有准确的一传和密切配合的二传，而扣球的好坏标志着这一战术配合是否具有攻击性和有效性，决定着这一战术配合的成败。

接发球后组织的一攻，具有下列特点：

（1）对方是在9米以外的区域发球，我方事先站好位置，摆开阵势，在思想上和动作上都有充分的准备，因而从理论上讲，一攻战术比较容易组织。

（2）由于上述原因，一攻便于组织与运用各种灵活善变、快速多样的战术配合。

（3）若遇对方采用攻击性的发球，我方一传不到位，战术意图被破坏，则应采用强攻扣球或打"过渡板"来突破对方的防守。因此，在一攻战术运用中，除了力争一传到位，立足于打快速多变的战术，还应做好以强攻突破或打"过渡板"的两手准备，才能趋利避害，立于主动地位。

2. 防反战术的特点

防反包括防守与反攻两个不可分割的过程。防守的目的是"保存自己"，力避失误，它也是辅助进攻或准备转入反攻的一个手段；反攻则是为了直接得分，也是为了力避失误，减少失分。反攻的成效如何，与防守的效果紧密相连。防守是反攻的基础，反攻是防守的继续。因此，防守的好坏，决定着反攻的质量；而反攻的成效，又影响着下一次防守的效果，或这一回合的胜败。

防反的过程涵盖拦网、后排防守、调整二传和反攻扣球4个环节。拦网是防守的第一道防线，也是反攻的序幕。在现代排球比赛中，拦网是得分的重要手段，强队之间比赛，拦网得分率占25%~30%，尤其是男排比赛，拦网不好，后防难保。如果拦网失效，就全依赖于后排防守来弥补。在比赛中，对方扣过来的球，大约有三分之二的球要由后排防守去全力抢救（三分之一的球被拦网），后排防守的重要性不言自明。调整二传是组织反攻的桥梁，拦起或防起的球，要依靠调整二传来选择反攻的突破点，运用反攻的战术。反攻扣球是完成防反战术最后的且最重要的行动，是直接得分的主要手段，是决定反攻战术质量的关键，前面的一切努力，都是在为反攻扣球创造条件，是为反攻扣球服务的。防反过程中的4个环节互相联系、互相制约、互为因果。

接扣球后所组织的反攻，不同于接发球后所组织的一攻。前者是在网前短兵相接的激烈争夺战中，不断地由进攻转为防守，又由防守转为进攻，反复交替进行的，在思想和动作的准备上，远不如一攻那么从容自如，这就使组织反攻战术难度更大和更复杂，使它具有不同于一攻的如下特点：

（1）组织反攻时，由于来球往往要经过拦网者手的接触或后排防守之后才调整二传，因此，反攻战术的扣球，其二传很多都是来自后排的不同位置、角度、弧度和速度的斜网球，而非平网球。

（2）组织反攻时，由于前排队员是在拦网或不拦网而后撤防守之后，立即转为反攻的，因此，反攻扣球常常是在网前原地起跳、短距离助跑起跳或变步起跳扣球的。

（3）组织反攻时，由于在防守中调整二传，因此，除了二传手，场上每个人都有调整二传、组织反攻的机会。

（4）组织反攻时，由于进攻与防守反复交替进行，因此，反攻战术往往要连续组织，反复进行。

（5）组织反攻时，由于首先要防起对方的进攻，二传手较难顺利运用行进间"插上"组织战术，因此，在很多情况下都采用强攻突破。

由于防反战术具备上述特点，它的战术组织与运用，一般来说不如一攻战术那么多样和变化多端。至于一支排球队在反攻中采用何种战术，主要取决于下列因素：

（1）球队拦网的效果。

（2）后排防守到位的情况。

（3）调整二传的质量和组织能力。

（4）扣球者的强攻能力和扣球技巧。

（5）对方的拦网与防守态势。

3. 正确认识一攻与防反辩证关系的实践意义

在排球比赛中，一攻与防反这两大战术系统是相互联系、相辅相成的。实践证明，一攻若占优势，一攻主动，不但不易失分，而且能为防反创造有利条件；反之，倘若一攻不稳，则往往会造成被动挨打的混乱局面，也就很难获得反攻机会。

然而，如果仅仅一攻占优势，但防反不得力，那么通过一攻的努力所取得的良好局面就可能会得而复失。尤其是在比分落后的形势下，绝无逆转的可能。因此，只有稳定一攻，加强防守，提高防反水平，才能扩大战果，争得主动，立于不败之地。

排球比赛中的一攻与防反、反攻与防反攻，是密切联系、互相交替、互相转换、反复进行的。进攻的一方，必须同时注意防守；防守的一方，必须随时准备反攻。因此，在由接发球转为一攻，由一攻转入防守，或由防守转为反攻的过程中，如果准备不充分，动作不连贯，技术不衔接，只一味注重进攻，不注意防守，或是只注意防守，不能迅速转入反攻，都可能贻误战机，导致失败。这里攻防转换的准备时机尤为重要，要做到常备不懈，未雨绸缪，与其失之过迟，不如失之过早。

正确认识一攻与防反的辩证关系，其实践意义在于：

（1）对于一攻和防反两大战术系统的训练，任何球队在任何时候都不能有所偏废；但在训练安排上，各队可根据自己的具体情况，在不同时期有所侧重。在比赛中运用时，可以根据不同的对象提出不同的重点要求，但两大战术系统都不能有所忽视，否则，不是丢分快，就是得分难。任何片面强调一方重要性而否定另一方重要性的战术，都是不适宜的。

（2）一般来说，新组建的球队或重新调整阵容的球队，首先应加强一攻战术系统的训练，提高一攻的稳定性，才能在第一回合的斗争中取得优势。对于具有一定水平的球队来说，应在提高一攻的攻击性和有效性的前提下，着重加强防反能力，迅速提高防反水平。这无论是从目前球队的实际情况来讲，还是从球队的长远建设来讲，都是一个十分重要的课题。

（3）防反战术系统，综合运用了拦网、后排防守、调整二传、反攻扣球4项技术，如果把加强发球也作为提高防反水平的前奏，那么防反系统就囊括了（除一传外）排球的五大技术及保护扣球等"小球"技术。因此，要提高防反水平，必须努力提高个人基本技术的全面性和熟练程度，才能适应比赛的需要。

（4）根据球队的具体情况，应有所侧重地抓好防反的各个技术环节，以及它们之间的衔接。要认真抓好发球的攻击性与准确性的统一，尤其是男子排球队应提高发球的攻击性，这是减轻我方防守压力、提高反攻能力的间接措施。拦网的重要性，人所共知。男排在苦练后排防守的前提下，应突出拦网的训练；在战术快速多变、日益增多的情况下，应提高单人拦网的独立作战能力和连续起跳拦网的能力。女排的进攻战术日趋快速多变，扣球威力也在加强，因此也应重视拦网训练，但更应突出后排防守训练。要注意提高调整二传和组织反攻的能力，特别是加强扣球手的传球训练。要根据反攻扣球的特点来训练和提高反攻的水平。

（二）技术与战术的关系

技术与战术的关系，从哲学上讲，就是内容与形式的关系。内容决定形式，技术决定战术，但形式可以反作用于内容，战术也可以反作用于技术。

技术是战术的基础，要组织与运用某种战术，必须具备与该战术相适应的技术条件。简单地讲，就是有什么技术，才能打什么战术。战术是对技术的合理组织与良好运用，技术只有通过战术的合理组织，才能得到充分的发挥。战术可以反作用于技术，战术对技术提出的要求，可以积极地促进技术的提高，从而推动技术的发展。

技术与战术,互相依存、互相制约。在技术与战术的发展过程中,一般来说,技术的发展往往走在战术的前面,但先进的战术也可以反过来促进技术的提高。

正确认识技术与战术的辩证关系,其实践意义在于:

(1)要加强基本功和基本技术的训练,把基本功和基本技术的训练放在首位。一方面要不断改进原有的技术,使之更加全面、熟练、精确和有效;另一方面要在实践中大胆创造与运用新技术。过多强调集体战术的"磨合",而没有扎实的个人技术能力做根基,任何战术设想,都将成为空中楼阁。

(2)要在技术训练中贯穿战术的因素,赋予战术的内容,把技术与战术、掌握与运用、训练与比赛有机地结合起来,以提高技术的目的性和技术运用中的战术意识。孤立地练技术而忽视战术,会影响技术运用能力的提高。

(3)要在战术训练中对技术提出严格的要求。一方面要提高运动员的战术配合;另一方面要根据战术的需要,对运动员的技术进行严格的训练。过多进行"对攻"的操练,而忽视个人技术的提高,绝不是提高水平的捷径。

(三)进攻与防守的关系

排球的进攻与防守具有两重性。进攻的同时要准备防守,攻中有防;防守的同时要准备进攻或反攻,防中有攻。进攻与防守互相渗透,迅速转换,攻可以转为守,守也可以转为攻。进攻是得分的主要手段,然而排球运动的任何进攻(除发球和扣探头球外)大都是在防守(接球)基础上进行的,没有牢固的防守,进攻就难以实现。防守的目的在于进攻,是准备转入进攻的一种手段;缺少有力的进攻,一切防守也就失去意义。

进攻与防守互相联系、相辅相成。防守是进攻的基础,进攻是防守的继续。有进攻就有防守,有防守才能进攻。在排球运动的制胜规律中,攻防转换的成功是比赛取胜的重要条件。从训练上说,提高进攻水平可以带动防守的发展,并反过来促进进攻水平的提高;而只有加强防守,才能保证进攻的实现。从运用上说,加强进攻可以减轻我方防守压力,为反攻创造有利条件;而只有防守成功,进攻才能有效地发挥作用。因此,任何重攻轻守或重守轻攻的理论与实践，都是片面的、有害的。

正确认识进攻与防守的辩证关系，其实践意义在于：

（1）在训练和比赛中，必须坚持全攻全守、攻守兼备的原则。不但要加强运动员的进攻训练，以带动防守水平的提高，而且要加强运动员的防守训练，以保证进攻的实现。

（2）在进攻训练中，一方面要培养运动员的进攻意识；另一方面要使运动员的进攻训练与防守训练紧密结合起来，做到攻中有防，而非孤立地练进攻。

（3）在防守训练中，要使一切防守带有明确的目的性和进攻性，成为转入进攻的一种手段，做到防中有攻，而非孤立地练防守。

（4）在攻防训练中，无论由防转攻还是由攻转防，都应力求做到动作衔接，转换及时；无论是山球人还是无球人，都应有相应的行动和反应。这不仅是技术问题，而且是培养作风和战术意识的问题。

（5）在进攻战术的具体运用中，要根据本队的实际水平和对方的防守情况，处理好快攻与强攻、前攻与后攻、两翼与中间、集中与分散、奇与正、虚与实等方面的关系。

（6）在防守战术的具体运用中，要根据对方的进攻情况和临场的发展变化，处理好拦网与后排防守、拦网者之间、防守者之间、取与舍、跟进与后撤等方面的关系。

（四）集体战术与个人战术的关系

排球的进攻与防守都包含集体战术和个人战术。作为集体项目的排球比赛，要求运动员在场上的一切行动，必须密切与全队配合，主动为同伴创造进攻机会，或协调彼此的防守行动，或弥补同伴技术失手所造成的漏洞，努力促成集体战术的实现；同时，要在集体配合的基础上，充分发挥个人战术，以丰富集体战术内容，弥补集体战术的不足。

集体战术与个人战术的关系，是全局与局部的关系；后者是前者的组成部分，前者是后者的集中体现。两者密切联系，互为因果。个人战术的充分发挥促进集体战术的圆满实现，集体战术的紧密配合促进个人战术的充分展现。

正确认识集体战术与个人战术的辩证关系，其实践意义在于：

（1）在技术训练中，要在全面掌握与熟练运用技术的基础上，重视技术特点的培养，强化个人专长的发展，以丰富集体战术内容，提高集体战术的质量和效果。

（2）在配合训练中，要强调每个人的分工与职责，提高每个环节的技术质量；同时充分发挥每个人的特点与专长，以保证集体战术的实现，使集体战术与个人战术的训练紧密结合起来。

（3）在比赛中，要强调团结协作、密切配合，积极支援同伴，努力互造机会。反对分兵把口，各行其是，防止只图个人发挥、不顾集体配合的现象发生。

（五）战术数量与质量的关系

在战术的训练与运用中，进攻或防守的集体战术与个人战术都应根据本队的实际水平来发展战术数量，提高战术质量。

战术数量是指战术套路的多少，即战术的多样性。战术质量是指战术水平的高低，即战术的实用性、有效性和熟练程度。发展战术数量必须以提高战术质量为基础，在保证质量的前提下，发展多种多样的战术。多而不精，华而不实，多样性战术就会失去意义。当然，战术呆板，打法单一，只此一招，别无他法，也不能适应实战的需要。

战术的数量与质量是对立统一的，量中有质，质中有量。任何战术数量，都应是在一定质量基础上的数量；任何战术质量，都是通过一定数量表现出来的。对于一支刚组建的球队，或是一支战术单一、落后于技术发展的球队，其主要任务是发展战术数量；但在更多情况下，提高战术质量是主要的。因为任何战术在形成之后，都要提高其质量，这是战术由粗到精、由简单到复杂、由低级到高级的发展过程。

正确认识战术数量与质量的辩证关系，其实践意义在于：

（1）要根据球队的实际情况，在保证战术质量的前提下，有计划地发展战术数量，并在形成新战术的过程中，对战术质量提出严格的要求。新战术形成之后，要在实战中运用，在运用中提高。

（2）提高战术质量的关键是提高组织该战术的个人技术能力，提高这些技术的全面性、熟练性及运用水平，以及提高这些技术之间的串联与配合能力。

（3）在训练安排上，可以对某种战术采取"攻其一点，再及其余"的训练方法。既不要齐头并进，一拥而上，也不要朝练夕改，动辄翻新。这样才能既保证战术质量，又发展战术数量。

第四节　统筹安排训练内容

教练员在明确认识了排球训练指导思想、读懂了技战术基本理论之后，就可以统筹安排全面系统的训练内容了。

一、排球训练的内容及其任务

排球训练的内容应包括身体素质、技术、战术、战术意识、心理、作风等诸多方面。

身体素质训练的任务是使运动员机体获得全面、均衡、协调的发展，提高排球专项所需的身体能力，为提升排球技术水平打下良好的基础，防止运动损伤，延长运动寿命。

技术训练的任务是使运动员打好扎实的基本功，全面掌握与熟练运用各项排球基本技术，形成自己的技术特点，为有效地组织各种攻防战术创造必要的条件。

战术训练的任务是把全队运动员的技术进行合理组合与充分运用，发挥个人能动作用，密切集体战术配合，调动集体的力量，以便在比赛中打出水平，争取胜利。

战术意识训练的任务是培养运动员根据彼我双方的实际情况和临场的发展

变化，正确地运用技战术的能力。

心理训练的任务是培养运动员调节自己心理状态的能力，并有意识地对运动员的心理过程施加影响，以创造有利的心理条件。

作风训练的任务是培养运动员优良的思想作风、训练作风和比赛作风，形成一支勤学苦练、严谨认真、顽强拼搏、奋勇前进、团结协作、遵纪守法的队伍，提高队伍的凝聚力与战斗力。

二、硬实力与软实力的关系

如前所述，排球训练内容包括身体素质、技术、战术、战术意识、心理、作风等方面。前三者，看得见，摸得着，可称为硬实力，或有形技术；后三者，看不见，摸不着，但确实存在，可称为软实力，或无形技术。硬实力是构成一支队伍综合能力的基础，其重要性不言而喻；而软实力是形成一支队伍战斗力的精神支柱，其功效不可低估。在训练实践中，教练员无疑非常重视对硬实力的训练与提高，但对软实力的培养与造就，或有所忽视，或不够自觉，或一曝十寒，或弃之不练，从而影响运动员对硬实力的加速掌握与合理运用，延缓运动员成长过程。

硬实力是一支队伍的基础，软实力是一支队伍的精神支柱，两者相辅相成。训练硬实力，是用高水平的技能去塑造运动员的坚强体格、技术形象和全队的战术风格；培养软实力，是以良好的精神要素去保证运动员硬实力的正确掌握与发挥。硬实力是软实力赖以存在的载体，软实力可以使硬实力如虎添翼。拙劣的硬实力，是无源之水、无本之木，纵使"充分发挥"也是水平低下，使软实力难以施展其功能；脆弱的软实力，则会使硬实力如同盲人骑瞎马，夜半临深渊，失去正确导向。

"艺高人胆大，胆大艺愈高"是对硬实力与软实力互为因果关系的精辟概括。只有同步运用硬实力和软实力去训练与培养运动员，使第一信号系统与第二信号系统相互作用，两者同时发展，才能相辅相成、相得益彰，才能迅速提升运动员运动技术水平，增强全队综合实力，加快运动员成长过程。

不言而喻，软实力可以带动硬实力，但不能代替硬实力。比赛双方主要是通过技战术来较量，技战术的对抗只能用技战术去攻破；然而，一旦用软实力武装了运动员，技战术就会更好地发挥其威力。

总而言之，排球训练6个方面的内容，是一个密切联系、互相渗透、缺一不可的系统，而不是彼此孤立、互不相干的独立体。任何一项技术的掌握与运用，都必须以一定的身体素质为基础，都离不开战术的协调配合，都应具有战术意识的因素，都要被心理状态所制约，并受作风表现的影响。譬如：要正确掌握与合理运用扣球技术，运动员必须具备良好的爆发力、弹跳力、滞空力和挥臂速度等身体素质；要熟练掌握正确的扣球技术要领，运动员要有本队同伴一传、二传和保护的密切配合，要有强烈的进攻意识和突破拦网的能力，要有稳定的心理状态以及敢打敢拼的球场作风，等等。倘若缺失其中任何一个方面的要素，其扣球技术都是不完善的。

防守或其他技术的掌握与运用也是如此。这说明，排球训练的各项内容是一个紧密联系、不可分割的整体。任何顾此失彼或厚此薄彼的训练组织与安排，都是不全面、不系统的。

无疑，训练中还要根据每名运动员的具体情况，在训练安排上区别对待，有所侧重。

三、排球训练过程中要注意的几个方面

正确认识排球训练内容之间的关系，有助于教练员和运动员去探索与把握排球训练的规律与特点，加强训练的系统性、全面性和计划性，并能更自觉地把各项训练内容有机地结合起来，对训练过程实行有效控制，避免训练的片面性、盲目性和随意性。在训练过程中，要注意以下几个方面。

（一）加强软实力的培养与训练

软实力的培养与训练，同硬实力一样，是长期的任务，绝非一日之功，不可一蹴而就。首先，要加强运动员的理论学习和业务研究，让运动员认识软实

力的重要作用；其次，要把对运动员软实力的培养，渗透、融合于日常的训练、比赛以及学习、生活之中；最后，要加强运动员的养成教育，培养运动员各种有利于训练和比赛的良好习惯。锲而不舍，持之以恒，才有成效；而朝练夕停，浅尝辄止，则收效甚微。

（二）合理安排硬实力的比重

教练员在组织与安排身体素质、技术、战术等硬实力的训练时，要从本队的实际情况出发，根据不同的训练水平、不同的训练周期、不同的任务要求，按照主次先后、轻重缓急的原则，既要统筹兼顾，注重系统性，又要抓住关键，突出针对性，合理安排各项训练内容的比重。这样才能全面提高训练水平，有效促进技术发展。例如，对年轻运动员或在训练前期的运动员，应适当增加身体素质和基本技术的训练比重；对训练有素的运动员，或短期集训去完成某一比赛任务的运动员，或在训练后期的运动员，应侧重于战术配合和实战比赛的锻炼。但对任何运动员在任何时候的训练，都应全面兼顾、合理安排，既不要齐头并进，一拥而上，也不要挂一漏万，片面发展。

（三）利用训练内容的内在联系

排球训练6个方面的内容之间互相联系。因此，教练员在组织与安排训练时，应充分利用它们之间的内在联系，使其互相结合、互相渗透，以收到事半功倍、一举多得的效果。例如，在对运动员进行身体素质训练时，要注意在神经肌肉的用力性质、动作结构和动作顺序上，力求与排球专项技术相结合，加强运动员身体素质与专项技术的联系与转化；在对运动员进行技术训练时，要赋以战术的因素，注重提高运动员对技术的运用能力；在对运动员进行战术训练时，要对运动员的基本技术不断提出新的要求，以促进运动员技术的提高与发展；等等。

（四）做好动作环节的紧密衔接

排球各项技术是由若干互相衔接、互相制约的动作环节组成的。扣球技术是由准备姿势、助跑、起跳、挥臂击球、落地、自我保护，以及贯穿整个过程的观察与判断等环节组成的；防守技术是由准备姿势、起动、移动、取位、击球，以及连接全过程的观察与判断等环节组成的。在完成技术的过程中，这些动作环节紧密相连，缺一不可；但不是每个动作毫无区别，而是有轻重、主次之分的。在训练中，首先要抓住关键的动作环节进行强化训练；其次要练好非主要动作，加快掌握技术过程；最后要注意动作的连续性和串联性，强调各动作环节之间的联系与衔接，并为完成下一个技术动作做好准备。

（五）协调安排两种身体素质训练

身体素质有一般身体素质与专项身体素质之分。教练员在具体安排身体素质训练时要做到以下几点。

1. 力求全面性

坚持一般身体素质训练与专项身体素质训练全面进行的原则，全面提高力量、速度、灵敏、柔韧、耐力等素质，以及专项所需的弹跳力、移动、腰腹力量和挥臂速度等，使运动员机体获得全面均衡的发展。要防止片面地发展专项身体素质，或孤立地发展某种身体素质。在具体安排上，对于不同的训练对象和不同的训练周期，一般身体素质训练与专项身体素质训练可以有所侧重，但在任何时候两者都不可偏废。

2. 坚持经常性

身体素质训练必须坚持经常性，常练不懈，才能收到良好效果。不要一曝十寒，也不要搞突击训练。但在不同的训练周期，可以安排不同的训练比重。

3. 注重针对性

身体素质训练必须注重针对性，因材施教，根据不同运动员的体能状况，制订相应的训练计划，安排有针对性的训练，而不能"一视同仁"。

4. 强调专项性

身体素质训练的最终目的是提高专项技术，不是单纯地展现某种身体素质指标。因此，操作中要注意在神经肌肉的用力性质、动作结构和动作顺序上，力求与排球专项技术相结合；要注意动作的正确性，尤其是练专项素质时，加强身体素质与专项技术的联系与转化，使通过训练获得的身体能量及时转化到攻防技术上。

（六）部署4个战术系统训练

如前所述，排球有4个战术系统，即一攻、反攻、保攻、推攻，也可以统称为一攻与防反。防反在比赛中运用次数最多，组成难度最大，是得分的主要手段，其重要性不言而喻。一攻也是得分的重要因素，是保持比赛阵脚不乱的基石。因此，在组织与安排战术训练时，各个战术系统都不能忽视。可以根据本队的具体情况、不同任务、不同时期，突出重点，有所侧重，也可以将一攻与防反结合起来进行训练，但在任何时候都不能只强调一方，而忽视另一方。（有关4个战术系统的训练问题，将在本章第七节专门论述。）

第五节　着力磨炼好基本功

磨炼好基本功，夯实技术基础，是每个体育运动项目老生常谈的话题。中国排球运动有过成功的经验，所以才有从20世纪70年代后期开始的技术腾飞，和20世纪80年代出现的令人瞩目的成绩。后因种种缘故，基本功训练有所弱化，对技战术的提高与发展产生不利影响。2018年9月，国家体育总局排球运动管理中心领导在全国青少年排球训练工作研讨会上，再次强调抓基本功的重要性与必要性，这引起了排球界的重视。

要磨炼好基本功，必须弄清基本概念，统一思想认识，采取有效措施，脚踏实地，真抓实干，才能见效。

一、什么是排球基本功

基本功原是锤炼我国传统戏曲演员基础功夫的课程，如唱、念、做、打等，后被引入包括体育界在内的许多行业中。

《现代汉语词典》（第7版）对基本功的解释是"从事某种工作所必需的基本的知识和技能"。

著名画家李可染在《谈艺术实践中的苦功》一文中指出："基本功是从十分繁复的艺术修炼的全过程中，抽出其中有关正确反映客观真实的最根本、最困难、最带关键性的规律部分，给予重点集中的锻炼。这是在艺术创作前基本能力的大储备，也是一种严肃吃重的攻坚战。"

根据《现代汉语词典》（第7版）的解读，借用李可染关于艺术基本功的概念，排球基本功可以表述为：在排球训练与比赛中，有关正确反映排球训练规律的最根本、最困难、最带关键性的基础部分。基本功存在于排球各项技术之中，在比赛过程中，通过技战术的运用而表现出来，是每名运动员必须熟练掌握的基本技能，是需要花时间与精力去磨炼的苦力活。

二、为什么要练基本功

基本功是排球各项技术中最根本、最困难、最带关键性的基础部分，但不是一个完整的技术。这如同横、竖、点、撇、捺是书写汉字的基本功，但不是一个完整的汉字；打好地基，架好大梁，是建造楼房的基础工程，但不是一座完整的建筑物一样。练好了横、竖、点、撇、捺等基本笔画，写起字来就可以挥洒自如，下笔生辉；反之，倘若房屋的地基和大梁不靠谱，无论外表装饰多么华丽，其建筑物必定是豆腐渣工程。著名画家达·芬奇少年时画蛋的故事，说的就是他成名前苦练基本功的艰难历程。

在排球训练中，要正确掌握并不断提高某一技术，必须以扎实的基本功为根基。例如，传球的手形、手法和移动取位是传球的基本功，只有掌握合理的手形、手法和移动取位，才能为有效地完成传球打下扎实基础；助跑起跳和挥臂击球是扣球的基本功，只有掌握正确的助跑起跳和合理的击球手法，才能为成功地完成扣球奠定可靠根基。

由此可见，练好基本功，可以为掌握与提升各项技术储备能源、积蓄力量，可以为掌握合理技术、防止产生错误动作创造有利条件，可以为进一步提高运动技巧、练就技术绝招、攀登技术高峰增强后劲，可以为培养技术全面、攻守兼备的运动员夯实基础，可以为运动员提高技术运用能力及延长运动寿命提供有力保证。

或许有人认为，练基本功会花费时间，影响比赛成绩。这是短视之见！殊不知，"磨刀不误砍柴工"，把刀磨锋利了，将会加快砍柴的速度。磨刀与砍柴是互为因果、相辅相成的辩证关系，而不是互相对立与排斥的关系。毋庸置疑，练好了排球基本功也必将有利于提高技术水平，取得好成绩，培育有用人才。

三、排球基本功有哪些

根据前面的定义，排球基本功的内容，广义地说，包括脚步、手法、躯干（腰腹）、视野和意识（思维）等5个方面。任何一项技术的正确掌握与合理运用，都离不开脚、手、腰、眼、脑等的协调配合。

在运动员掌握与运用各项技术的过程中，脚步是击球行动的前提，手法是完成技术的关键，躯干是协调全身的枢纽，视野是临场判断的依据，意识是运用技术的灵魂。只有这几方面的行动配合密切，才称得上比较完美的技术。譬如，要有效地完成扣球动作，就必须具备节奏清晰、适应性强的助跑起跳，动作合理、快速有力的挥臂击球，全身协调、控制自如的腰腹动作，轻快缓冲、动作连贯的落地支撑，以及贯穿整个扣球过程始末的视觉反应和判断等基本能力。

排球技术的种类繁多，动作细腻，技巧性强。狭义地说，基本功存在于各项技术之中，各项技术都有它自身的基本功。例如，接发球的垫球（一传），在不同位置对付大力旋转球、跳发球、重飘球、轻飘球、下沉球、追胸球、侧旋球等不同类型的来球，其脚步、手法和腰腹动作是各不相同的；在不同位置上接各种不同的扣球（后排防守）亦然。同样，传球中的正传、背传、侧传、传高球、低球、近网球、远网球、顺网球、斜网球，以及各种不同的战术传球，其传球手法与动作都各有差异。

除了防守技术需着力强化基本功训练，扣球等进攻技术的基本功训练也不容忽视。例如，扣球的助跑起跳，不但要学会向前起跳，而且要练习在前排不同位置的向左、向右或向后等不同方向的变步起跳；击球不只是拼气力，更要练习各种避开拦网、突破拦网或破坏拦网的手法与技巧；强攻扣近网球、远网球、快球、高球、低球等的手法与动作也各不相同。同样，发出各种不同类型的球，其击球手法和身体动作也不同。

上述各项排球技术的基本功，必须在系统训练中反复进行分化练习，才能熟练地掌握、巩固与提高。

然而，在当前训练中，由于有些教练员的训练理念偏颇，传、垫、防等防守技术的基本功训练往往被忽视，甚至被无视，尤其对于男排队员而言，基本功成为影响技术全面发展的短板（进攻技术的基本功训练或许也存在片面性）。几年前一位内行领导在看比赛时曾对我说，他们的男排（全国强队之一）几乎不练防守。这绝非戏言，而是带有普遍性。我亲耳听到一名省级男排强队的教练员宣称：大个子运动员练防守是浪费时间。1956年，平均身高只有1.8米左右的中国男排，首次在巴黎参加世锦赛，就获得第9名；如今平均身高近2米、各方面条件都比过去优越的中国男排，却几十年来在世界大赛中20名上下徘徊。这说明什么问题？

窥一斑而见全豹，观滴水而知沧海。难怪全国男排联赛大都是发球、扣球大比武，少有精彩的防反来回球场面出现。

此外，在实际训练与比赛中，视野和意识这两个贯穿技术行动全过程的要素，往往被忽略甚至抛弃；有些运动员只知动手动脚，不会用眼用脑；只知拼气力，缺少用智慧。这会影响运动员对技术的正确掌握与合理运用，妨碍运动员的成长过程，值得教练员和运动员高度重视。

四、怎样练好基本功

有哲人言道："简单的事重复做，你就是专家；重复的事用心做，你就是赢家。"真是言近旨远，意味深长！为此，要练好基本功，教练员和运动员需要做到以下几点：

（1）高瞻远瞩，从长计议，系统训练，着眼长远，顺应排球训练规律，遵循正确训练指导思想；反对重攻轻守、攻势排球、重赛轻练，以及揠苗助长、急功近利、杀鸡取卵、竭泽而渔等违背客观规律的训练理念与训练行动。

（2）按照正确的技术要领和动作规格，进行严格训练，以建立正确的基本功动力定型；防止与纠正影响技术发展的错误动作。

（3）基本功训练要结合实战情况，有计划、有步骤地与完整技术结合起来训练，注重培养观察判断能力，并有意识地贯穿战术意识的因素；防止与克服脱离实际孤立地练习基本功，或忽视对观察判断能力和意识的培养。

（4）勤学苦练，久久为功，持之以恒，常抓不懈，践行符合生理学原理的、行之有效的"三从一大"（从严、从难、从实战出发，大运动量训练）科学训练原则；防止与克服朝练夕停、一曝十寒、怕苦怕累的训练态度。

（5）有锲而不舍、一丝不苟、滴水穿石的韧劲，大兴学习理论知识、研究业务技术之风，提倡在训练中手脑并用，练想结合，以拓宽视野，开发思维，提高掌握与运用技术的能力；防止与克服在训练中心猿意马、心不在焉、不求甚解、浅尝辄止的马虎作风。

（6）有精雕细刻、精益求精、千锤百炼的钻劲，不满足于掌握一般化的六大技术，不止步于老旧的技术套路，敢于不断探索技术奥秘，大胆创造新的招数；防止与克服粗枝大叶、粗制滥造、大而化之、得过且过的治学态度。

马克思指出："在科学上没有平坦的大道，只有不畏劳苦沿着陡峭山路攀登的人，才有希望达到光辉的顶点。"吃得苦中苦，方为人上人。人们对新时代的教练员和运动员传承与发扬我国排球优良传统，苦练基本功，提高技术水平，充满期待，寄予厚望。

第六节 遵循技术训练规律

了解与认识排球各项技术的训练规律与特点，有助于加快和推动对技术的掌握与运用，有利于加速运动员的成长过程。

排球各项技术的训练与运用，都存在一些普遍性、规律性的问题。这些问题，并不深奥，说说不难，做好不易。何况，说与做、知与行，并非完全画等号。遵循技术训练规律，对于提高运动员的技术水平和运用能力，大有裨益。现将各项技术的训练规律与特点分述于下。

一、发球技术的训练规律与特点

发球是排球比赛进攻的开始，是得分的技术手段，是破坏对方进攻战术、干扰其进攻意图的重要方式，是动摇对方阵脚、摧毁其心理防线的威慑力量，也是减轻我方防守压力，并为反攻创造有利条件的序曲。发球是一项独自操作、无须配合、不被制约和无法弥补的技术，在训练与运用中，不但要注重技术动作，而且要强化心理因素。新竞赛规则取消了固定发球区，发球触网落入对方区域依然有效，这无疑提高了发球在比赛中的地位与作用，值得高度重视。

发球技术的训练有以下规律与特点。

（一）多样性与独特性相结合

就训练全队发球技术而言，应力求掌握多种多样的发球技术及其各种变化，在比赛中有针对性地攻击对手，同时适应不同对手各种类型的发球攻击，切勿只此一招，别无他样。就训练运动员个人发球技术而言，则应根据个人的特点，首先熟练掌握一种发球技术，以利于巩固和提高其技术水平，切忌华而不实，多而不精，而后再考虑掌握另一种发球技术。

（二）攻击性与准确性相结合

运动员在已掌握某种发球技术的情况下，训练中应强调在加强攻击性的基础上，提高准确性；而比赛中则应在保证准确性的前提下，加强攻击性。在训练安排上，不同训练周期可以有所侧重。但任何时候，攻击性与准确性必须力求统一。片面强调一方而忽视另一方，都不适宜。

（三）技术训练与心理训练相结合

在比赛中运用发球技术，首先要让运动员充分树立信心。信心的树立，来自平时刻苦认真、一丝不苟的训练，是建立在熟练掌握技术的基础上的。其次要给运动员营造敢于攻击、大胆发挥的氛围。在日常训练中应创造一些近似比赛的条件，给运动员施加心理压力。在比赛中，则要鼓励运动员大胆发挥，做到疑兵不用，用兵不疑。

（四）发球与一攻训练相结合

在训练中，运动员要通过加强发球的攻击性来打破接发球（一传）的相对平衡，促进一攻战术水平的提高；而一攻战术水平的提高，又反过来会对运动员发球水平提出更高的要求。

（五）发球与反攻训练相结合

运动员通过加强发球的攻击性，可以减轻我方防守的压力，并为反攻创造有利条件。因此，在训练中要有意识地把发球同反攻训练有机地联系起来，特别是在我方反攻轮次较弱时，更要着力加强发球攻击的意识，提高发球的攻击性。

（六）普遍提高与重点培养相结合

教练员除了加强全队的发球训练，普遍提高运动员发球水平，还应该有意识地培养一两名发球技术好、比赛信心足的发球能手，以便在比赛的重要时刻采用换人策略。

二、一传技术的训练规律与特点

一传是我方组织一攻战术的必要前提，是决定一攻战术质量与效果的先决条件，是增加得分机会的重要因素，是稳定阵脚的"压舱石"，也是胜负得失的"生命线"。对于以快速多变打法为特点的中国排球队来讲，一传技术的好坏、水平的高低，将影响战术的成败、特长能否发挥和心态是否稳定。运动员必须坚持常练，练出成效，才能掌握主动权，立于不败之地。

一传技术的训练有以下规律与特点。

（一）保持一传训练的系统性和经常性

一传垫球技术，动作简单，学会容易，用好较难；"手不摸，三日生"，几天不练，消退也快。因此，运动员应系统训练，保持常态，细水长流，操练不息，不断巩固与提高其水平。

（二）适应各种不同发球类型的接发球训练

教练员要了解国内外强队各种不同类型的发球，加强对各种不同发球类型的一传训练。对手掌握什么发球手段，我方就要练什么接发球技术，这样才能使训练具有针对性和现实性，提高一传的判断能力和适应能力。

（三）加强运动员手感、球感的训练

运动员要接好各种不同发球类型的来球，除了要有正确合理的技术动作，还要有良好的手感和球感。手感、球感、本体感、时空感等属于专门化的知觉，可以通过系统训练获得。运动员不但要掌握"用力"打球的技巧，而且要学会"用心"感知的诀窍。这对于各项技术的训练都是必需的，对于一传更为重要。

（四）安排不同的接发球站位进行训练

接发球如何站位，由几个人来接球，主要取决于3个因素：一是对方发球的特点与类型，二是我方接发球的能力与水平，三是我方一攻战术的设计与需要。在训练中教练员要教会运动员善于判断场上情况，随机应变取位。

（五）提高一传个人技能与集体配合的训练

一传训练既要采用次数多、密度大、难度高的个人接发球训练，也要运用小组和全队接发球的配合训练。前者有助于增加接球次数，增强球感，提高个人技能；后者有利于明确位置分工，密切集体战术配合。在训练安排上，不同训练周期可以有所侧重。

（六）激发一传训练的兴奋性和积极性

一传训练，运动负荷不大，但耗费时间较长，枯燥乏味，容易使人产生"疲沓"感，而达不到良好的训练效果。因此，教练员要经常改变训练条件和难度，提出不同的要求和指标，运用不同的方法与手段，让运动员产生新奇刺激之感，活跃运动员的训练情绪，调动运动员的积极性，提高一传训练质量。

（七）适当加强上手传球的接发球训练

新竞赛规则取消了第一次击球"连击"的规定，为一传运用上手传球创造了条件。因此，教练员可适当加强运动员采用上手传球技术接一传的训练，特别是传接对方轻飘球的训练，以扩大接发球的范围，加快进攻的节奏，增加一攻的成功率。

（八）增强对运动员接发球的心理训练

在比赛中，运动员在接发球时承受的心理压力，往往要大于接扣球。因此，在日常训练中，教练员可以采用一些方法、手段来制造紧张气氛，提出严格目标，施加心理压力，以锻炼运动员的心志。但在实际比赛中，教练员应注意提示运动员平和心态，放松身体，及早准备，加强预判，以增强其在接发球时的心理稳定程度。

三、二传技术的训练规律与特点

二传是连接一传或防守与扣球，并由防守转入进攻的中间环节，是为球队进攻创造良好条件的重要技术。一支球队的进攻技术能否充分发挥，在很大程度上取决于二传技术水平的高低。二传技术本身不具有进攻性，但卓越的二传除能把球传到位外，还含有攻击因素，具有牵制对方拦网、辅助进攻的功能。现代排球朝着快速多变、立体高空的方向发展，这对二传的水平与能力提出了更高的要求。

二传技术的训练有以下规律与特点。

（一）重视传球训练

初学者要加强传球训练，高水平运动员也不可等闲视之。因为，传球训练不仅能提高传球技术本身，而且对加快脚步移动、提高灵敏反应、处理各种小球、掌握全面技术都具有促进作用。排球竞赛规则修改后对第一次击球放宽连击尺度，这对加强传球训练更有重要的实践意义。

（二）加强二传的专门训练

二传技术精细，学会容易，练精难。在训练中，除了通常采用的与扣球手及本队进攻战术结合，还应安排专门时间，由专门教练员对二传手进行专门训练。根据本队战术的需要，有计划、有步骤地训练各种二传技术。

（三）在动态中训练二传

实战中的二传大都是在移动中完成的。高水平的二传手应力求在快速移动中、突然变化中、连续动作中和激烈对抗中去传各种不到位的困难球。

（四）重视视野训练

教练员要训练运动员在传球过程中，善于观察球、网和人（我方扣球者和对方拦网者）的动向，这是提高运动员二传技术运用能力、增强运动员战术意识和培养运动员组织才能的重要一招，但往往易被忽略。

（五）加强传各种快变战术球的训练

高水平的球队应加强传各种快变战术球的训练，并与本队进攻战术结合起来，这是二传技术的难点之一。因为这里有一个传球者与扣球者之间时空协调和默契配合的问题。

（六）注重跳传、快吊和两次扣球及其转移的训练

高水平的二传手必须掌握跳传、快吊和两次扣球3种技术，这不但可以增加二传的隐蔽性，提高二传的攻击性，而且可以增强全队的进攻能力。二传手的两次扣球应采用不同于进攻手（短距离或原地起跳扣球）的特殊训练。

（七）把二传技术同其他技术结合起来进行训练

二传是一项由防守转入进攻的"链接性"技术，为了提高运动员实际运用能力，教练员应把二传技术同其他相关联的技术（如一传、扣球、防守、拦网等）结合起来对运动员进行训练，使训练更接近于实际比赛。

（八）重视进攻手和自由人调整二传的训练

在实战中，每名进攻手和自由人都有传球组织进攻的机会，因此，掌握各种形式的调整传球技巧，对于提高全队组织进攻的水平，在比赛中争取多得分、少失分有重要的现实意义。

四、扣球技术的训练规律与特点

扣球是一项技术结构复杂、与同伴配合密切、同对手对抗激烈、掌握和运用难度较高的技术；它是进攻的最有效方法、得分的最主要手段，是每个回合战术配合的最后环节和成败关键。排球比赛一切接球和防守的努力，都是为了实现有效的进攻。一支球队的实力、优势，在很大程度上取决于扣球水平和进攻能力。实行每球得分制后，扣球作用更显重要，占全部得分60%以上。当然，扣球水平的发挥，有赖于一传、防守及二传等诸多技术环节的有力保证。

扣球技术的训练有以下规律与特点。

（一）加强体能训练

扣球技术对运动员体能条件的要求较高，要求运动员具有很好的速度力量、灵敏反应、爆发力和弹跳力等综合素质。我国运动员同欧美强队运动员在进攻上的差距，主要体现在体能上，而不是扣球技术本身（当然体能也会影响技术）。为改变这种弱势状况，就必须重视体能训练，努力提高运动员的全面身体素质。

（二）加强扣球的基本功训练

教练员要经常安排运动员进行各种助跑起跳和扣球手法等基本功训练，打好扎实的技术基础，才能有效地提高扣球技术水平。即使是高水平的球队，也要精益求精，不断进取，加强基本功训练。

（三）学好扣高球技术

在扣球训练中，运动员要先从扣高球练起，以便建立正确的扣球技术定型。即便是准备成为快攻手的运动员，也应先学会扣高球，以利于判断来球，选择正确的起跳时间与地点，形成合理的动力定型，掌握扣球的全面技术。

（四）加强不同类型扣球的分化训练

运动员在学会扣高球的基础上，应逐步掌握与熟练扣各种不同位置、不同距离、不同角度、不同高度和不同速度的来球。这些不同类型扣球的助跑起跳和扣球手法是有区别的，应有目的地对运动员进行分化训练，以提高其扣球的判断能力和适应能力。

（五）掌握强攻和快攻两种武器

为了满足运动员技术全面性的要求和跑动进攻的需要，在扣球训练中，不宜过早片面分工和进行过多专位练习；高水平运动员更应掌握强攻和快攻两种武器，但可在兼备"两手"的前提下，适当分工，有所侧重。

（六）有计划地训练各种扣球技巧

教练员要根据不同的训练对象，提出不同的训练要求，或在不同的训练阶段，安排不同的扣球重点，有计划地训练与提高运动员各种扣球技巧，如路线变化、寻隙突破、打手出界、超手扣球、打吊结合等，以提高个人扣球的突破能力。

（七）加强在跑动和变化中的扣球训练

现代进攻战术的发展，要求高水平运动员的扣球训练打破定位扣球的传统方法，打破按固定方向、固定步法的助跑起跳，打破固定专位扣球和机械分工的束缚，打破三点进攻的局限，打破定点、定时进攻的限制。加强在跑动和变化中的扣球训练，以增强扣球的突然性和攻击性。

（八）加强反攻扣球形式的训练

防反过程中的反攻扣球，掌握难度大、运用机会多，是扣球技术中的难点。反攻扣球的特点不同于扣近网球及平网球，也有别于一般的调整扣球。高水平的球队应创造条件，制造难题，模拟实战，着力加强反攻扣球形式的训练，以提升运动员的应变能力，适应比赛需要。

（九）加强在激烈对抗中和连续动作中的扣球训练

实战中的扣球，既同我方有关技术相联系，又同对方的拦防针锋相对。因此，为了提高扣球的运用能力，应加强同我方相关人员和相关技术串联的扣球训练，以及同对方拦网与防守的对抗中的扣球训练。

（十）加强前排运动员的中、远网扣球训练

随着运动员身高、弹跳力和扣球技术的提高，网上突破与反突破的争夺必将愈加激烈，前排运动员单纯依靠近网扣球不能完全适应战术的需要。有条件的运动员应加强中、远网扣球（离球网1.5~1米，含强攻与快攻）的训练，这不但可以开阔扣球射出面，扩大进攻空间，避开严密拦网，突破第一道防线，减少我方保护压力，而且会增加对方拦网判断的难度，提高其破坏性拦网的可能性。这或许是未来进攻的发展方向之一，值得探讨和实践。

（十一）加强扣球战术意识的训练

扣球技术复杂，网上短兵相接，瞬间完成动作，正确运用较难，不但需要技术，而且需要智慧。因此，教练员在训练中应注重运动员战术意识的培养与训练，教会运动员如何判断来球、如何观察对手、如何预判临场的发展变化、如何运用个人战术、如何同对手斗技斗智等。

五、拦网技术的训练规律与特点

拦网是防反的第一道防线，是兼备防守与进攻两种功能的技术，是得分的重要手段。成功的拦网可以减弱对手的进攻威力，干扰扣球者的进攻意图，造成其心理上的压力，并可减轻我方后排防守的负担，为防反创造有利条件。拦网的成效（尤其是男排），有时会导致一局或一场比赛的胜败。

拦网技术的训练有以下规律与特点。

（一）重在质量与效果

拦网技术简单，学会容易，用好较难，训练的强度高、难度大，一般不宜进行长时间的连续训练，应注重其训练质量与效果。一要按正确的拦网技术进行训练，不流于形式；二要集中注意力观察对方二传手和扣球者，努力捕捉其扣球意向，而不盲目瞎跳乱拦。

（二）在移动中训练拦网

随着跑动进攻的普遍运用，拦网训练要适应实战情况的需要，无论单人或集体拦网的训练，都应力求在移动中进行判断、起跳、拦网和互相配合。

（三）提高单人拦网的作战能力

单人拦网是集体拦网的基础。由于现代进攻战术的多样性和多变性，运动员在比赛中常常被迫只能采用单人拦网技术。因此，拦网训练的重点应放在单人拦网的技术动作和对球的判断上，以提高单人拦网的作战能力。

（四）学会拦截各种不同类型的进攻球

拦网是同扣球相对抗的技术，对手有什么样的扣球技术和进攻战术，我方就应掌握什么样的拦网本领。要根据对手的各种扣球技术、进攻战术及个人特点，有针对性地训练拦截各种不同类型进攻球的拦网技术，以提高拦网的适应能力和应变能力。

（五）在激烈对抗中和串联技术中训练拦网

结合比赛实际的拦网训练，应在激烈对抗中和串联技术中进行，把拦网与防守、反攻等环节结合起来，以提高拦网的运用能力。

（六）重视培养拦网技巧与智慧

拦网的有效时间极短，不但需要动作技巧，而且需要智慧。教练员要在训练中培养运动员各种拦网的高级技巧，学会判断不同来球，以及积累同对手斗智的经验，以提高拦网效果，达到拦网目的。

六、防守技术的训练规律与特点

如果说拦网是防反的第一道防线，那么后排防守就是反攻的基础。没有成功的防守，就不会出现有效的反攻，未被前排拦到的对方扣球，要靠后排防守去完成。我方进攻被拦回的球，同样需要通过后排防守将其接起，转化为下一次的进攻。根据排球比赛规律，对方扣来的球，我方拦网的成功率有限，一般只能拦到30%左右，还有70%上下扣过来的球，要靠后排防守来承担，防守的重要性不言而喻。防守本身很少直接得分，但可以减少失分，赢得主动。成功的防守，还能鼓舞士气，激励斗志，彰显良好的精神风貌。运动员要转变防守观念，提倡积极防守，顽强防守，为进攻而防守，变被动为主动。

防守技术的训练有以下规律与特点。

（一）树立正确的防守观念

教练员和运动员要充分认识防守的重要作用，排球运动的绝大部分反攻都是从防守开始的。要纠正重攻轻守、重拦轻防的倾向，树立全攻全守、攻守兼备的理念。这是争取优势、打败对手的取胜之道，世界强队无一不是能攻善守者。

（二）掌握多种防守技术

教练员要有计划、有步骤地训练运动员掌握多种防守技术，注意加强弱侧的移动与击球训练，以及向各个方向快速移动的防守训练；要有意识地让运动员体验轻重快慢、前后左右等各种不同类型来球的手感，并培养运动员身体协调控制能力，以便运动员在比赛中得心应手，扩大防守范围，提高防守效果。

（三）提高预判来球能力

防守训练强调根据对方扣球的特点和扣球路线，及时预判、迅速移动、正确取位和合理击球。没有判断的防守训练是盲目的无效行动，要杜绝那种只忙于摔、扑、滚、爬的苦练，而忽视有意识地培养运动员判断能力的训练方法。特别要加强预测与判断对手扣球路线和打吊的变化，以及我方拦网触手后球飞行路线的变化。

（四）加强在"动"中防守

为了克服静止惰性，使脚步移动灵活，防守训练应在快速移动和突然变化中进行，而且要求每一次防守行动，必须保持脚步移动去捕捉来球，而不是守株待兔。

（五）注重整体性的防守

凡进行两人及两人以上的防守训练，所有运动员（含无球队员）要根据对来球的判断采取相应的行动，一人击球，众人策应，有人保护，全场行动，以体现防守的整体性；防止产生一人防守、他人"参观"的脱节现象。

（六）处理好全面提高与专位分工的关系

从长远、全面的角度看，运动员应提高在各个位置上的防守能力，尤其是青少年运动员，不宜过早、过多地进行专位防守训练。高水平运动员可适当进行专位防守训练，但也不宜专得太死，否则有害无益。

（七）强调防守的目的性

任何防守训练都应强调防守的目的是反攻，是转入进攻的一个重要环节。在理念和行动上，不是消极被动地挨打，而是积极主动地去找球，并努力把球垫到便于组织反攻的位置上。这既是手法和身体控制球能力的训练，也是意识的培养；既是练技术，也是练智慧。

（八）适应各种不同类型的扣球

教练员和运动员要在防守训练中制造困难条件，设置强大的对立面，模拟各种进攻特点，采用轻、重、软、硬兼施，前、后、左、右并举，高、低、远、近结合的进攻方式，以适应各种不同的进攻情况，加大防守训练难度，促进防守技术的全面提高。

（九）同其他技术结合训练

教练员除对运动员进行专门的防守训练外，还应加强其防守技术同其他技术结合的训练，使防守技术有机地与拦网、调整二传和反攻扣球等组织反攻战术的各个环节密切地串联起来，以提高其运用技术的能力。

（十）发扬顽强拼搏的精神

练好防守，不但要有合理的技术、正确的方法，而且要有顽强拼搏的精神。要提倡每球必争、每分必拼、球不落地、必拼到底的精神。有了这种精神，可以保证技术发挥，弥补技术不足。

第七节　恪守战术训练法则

如前所述，排球有一攻、反攻、保攻、推攻4个战术系统。各战术系统有自己的运行法则（规律）与特点。了解与熟悉各战术系统的法则与特点，有助于教练员和运动员在训练中更好地理解各个战术系统的内涵，使训练更具有科学性、针对性和有效性。

各队制定与实施战术，必须遵循以下3条原则：

一是实事求是的原则。根据运动员的技术水平、技术特点、身体素质和身材条件，以及本队训练指导思想等因素，制定与实施战术。力求做到扬我所长，避我所短。

二是有的放矢的原则。根据比赛对手的长处与短处，以及当时我方战术的有效性和对手的适应程度，制定与实施战术。力求做到抑其所长，攻其所短。

三是临机应变的原则。根据比赛双方比分的消长情况，以及战局的发展变化，制定与实施战术。力求做到相机行事，以变应变。

以下对各个战术系统分别进行论述。

一、一攻战术训练的法则与特点

在排球比赛中，接发球技术的优劣，直接影响到一攻战术的质量，关系到比赛的胜负。随着现代竞技排球运动的发展，发球被认为不仅是比赛的开始，更是进攻的开始、得分的手段，发球的攻击性与威力日趋强大。因此，不断提高接发球水平，以提升一攻战术质量，成为接发球进攻训练的主要研究课题之一。

（一）组织与运用一攻战术阵型的依据

球队在比赛中采用什么站位阵型，主要依据以下3条原则。

1. 根据我方接发球队员的能力与水平

例如，把自由人或接发球水平高的队员，安排在发球落点较多的位置上；接发球水平差的人可不接球；等等。

2. 根据对方发球的类型与特点

当对方采用跳发大力球或平冲球时，接发球站位应密集、靠后；若对方发轻飘球，则接发球站位应适当分散。前者可由3人或4人接球，后者由2人或3人接球即可。

3. 根据我方一攻战术的需要

依据我方本轮次准备运用什么进攻战术来站位，如打快攻的队员站位靠网前可不接球，不同轮次采用不同的站位，或采用隐蔽站位等。

（二）训练与运用一攻战术的要点

1. 准确判断

在接发球时，运动员首先要在思想上重视，注意力高度集中；其次要了解与观察对方每名队员的发球类型和特点，判断对方发球情况，根据其不同的发球动作、力量、速度、类型等迅速做出正确的判断；最后要及时移动，保持好人与球的正确位置关系。

2. 合理取位

接发球队员应根据对方发球队员的位置，面对其发球方向，取好合理的站位；其他队员应根据我方采用的进攻战术及对方发球的具体情况相应取位。例如，当对方发轻飘球、远飘球时，一般力量较轻，落点分散，我方队员取位应以前后分布疏散、均衡站位为宜；而当对方跳发重球时，我方队员则应站位偏后。

3. 密切配合

在接发球时，每名队员都应明确自己的接球范围，同时要注意接发球能力的搭配，可让自由人和接发球水平高的队员负责范围大一些，接发球水平差的队员负责范围小一些；后排队员接球范围可大一些，前排队员接球范围可小一些。

在实际比赛中，许多发球落点在2人或3人之间的共管区，对于这种来球，接发球队员之间应该有良好的配合意识和协调能力，避免"抢球"或"让球"的现象发生。

4. 加强保护

运动员接发球时难免会出现不到位的情况，此时，其他队员应注意相互之间的保护，随时准备接应，避免直接失误，二传手和其他队员要力争把球调整到位，每名队员都要有抢救失误球的思想和动作预判；所有队员都应积极做好进攻的准备，以便不失时机地组成一攻战术。在实际比赛中，这种不到位的一传窘境，往往会由于对手疏于防守，而出现"歪打正着"的奇迹。这种"因祸得福"的现象，常有长我方士气、杀对手威风的奇效。

5. 先防后攻

前排队员要先准备接对方的发球，而后转入进攻，尤其在换位时，切勿只顾换位和进攻，忽视接球而贻误战机。

6. 动作连贯

一攻战术组成后，随着对扣球者的保护或换位，全队进入新的位置；若一攻没有成功，队员应根据不同的分工，迅速转入防守战术的部署，及时做好防守对方反攻的准备。

二、反攻战术训练的法则与特点

反攻战术是由拦网、后排防守、调整二传和反攻扣球等几个相互联系、相辅相成的环节组成的。有效的拦网可以抑制对方的进攻，为后排防守创造有利条件；而成功的拦网与后排防守，则可为调整二传和反攻扣球打开方便之门。在排球比赛中，反攻战术系统的运用次数最多，组成难度最大，环节最复杂，是得分的主要手段，是取胜的主要因素，也是失分和失败的重要诱因。特别是在比分落后的情势下，只指望一攻得利，而没有防守反攻，就没有取胜的可能。高水平的球队之间的对抗，不但要看一攻的水平，更要看防反的能力，后者在很大程度上是制胜的决定因素。曾经有人主张"抓好一攻就能取胜"的观点，这是一种误导，不足为训。

（一）组织与运用反攻战术阵型的依据

球队在比赛中采用什么反攻战术阵型，主要依据以下4条原则。

1. 根据对方进攻战术的特点与态势

根据对方的进攻能力采用1人、2人或3人拦网，根据其进攻战术而运用拦网策略，根据其个人扣球特点而采取拦、防对策，根据其二传的拉开或集中而选取拦网的站位，根据其二传离网的远近而决定后排防守的取位，根据其进攻态势和心态来布防，等等。

2. 根据我方队员拦网、防守的能力与水平

根据前排队员的身高、弹跳力和拦网能力来进行拦网部署，根据后排队员的防守水平来布防，等等。

3. 根据我方反攻战术的需要

根据防守之后我方反攻战术的需要来安排接扣球阵型，如采用"心跟进"或"边跟进"防守阵型，或在反攻时运用两点、三点、立体进攻等。

4. 根据临场情况的发展与变化

当对方进攻频频受阻，可能采用吊球时，我方就由"边跟进"改为"心跟进"防守，或不拦网队员由后撤改为内撤等；彼变我变，有时彼不变我亦变，以提高战术的灵活性。

（二）训练与运用反攻战术的要点

1. 对拦网队员的要求

（1）分清主次。拦网时，要确定主拦队员，如拦对方两翼进攻，我方分别以2号和4号位队员为主拦；拦其中路进攻，则以3号位队员为主拦，其他队员密切协同配合，防止各自为政，各行其是。

（2）相互配合。起跳时，拦网队员相互之间要保持一定的距离，并控制好身体重心，避免相互干扰或冲撞。

（3）准确判断。拦网时，要准确判断对方扣球路线，尽可能扩大拦网阻击面，但拦网队员手与手之间的距离不能太大，以防中间漏球。

2. 对防守队员的要求

（1）注重防守。后排防守是第二道防线，是减少丢分和争取反攻得分的基础。当前我国排球队虽然拦网高度和技术有了较大的提高，但仍有大量的球（女排多于男排）会突破拦网进入我方场区。成功的防守不仅争取了得分机会，还能鼓舞士气，因此重拦轻防不可取。

（2）合理取舍。后排防守要与前排拦网密切配合，相互弥补。一般来讲，拦网队员应封住对方主要进攻线路，不拦网队员和后排队员的主要任务是防守我方拦网区域以外的线路、吊球和触及拦网队员手的球等。例如，前排拦网队员已封住对方的中路进攻，1号位队员取位防直线，5、6号位队员侧重防斜线等。

（3）相互策应。防守战术是一个整体，一名队员防守时，其他尤其是相邻队员要相互策应与保护。由于每名防守队员的判断取位或垫球时都可能出现差错，防起球的飞行方向也不规则，因此，场上其他队员都应采取补救措施，做好向各个方向救球的准备。

3. 对二传手的要求

（1）判断取位。在防反中，二传手要注意判断我方拦网触手反弹或防起的球的方向、路线与落点，并及时移动取位去传球、组织进攻。

（2）传其所要。二传手要根据当时我方反攻战术的需要和扣球者的个人特点，尽力投其所好、传其所要，把球传好，以充分发挥其进攻效能，并在传球后随即跟进保护扣球者。

（3）相机插上。二传手如果在后排，要根据对方的进攻情况，先防守来球，再寻机插上；或根据事先的战术安排，不防守先插上，即"心跟进"防守战术。

4. 对扣球者的要求

（1）时刻准备。防守的目的是反攻，一旦防守成功，除了传球者和自由人，全体队员要根据我方反攻战术的需要和预定的计划，不失时机地发起反攻。

（2）寻机突破。扣球者要善于避开对方拦网者的手（变线、转手）、利用对方拦网者的手（打手出界、寻找空隙）、强行突破对方拦网者的手（超手、强打），或攻其弱点，或灵活变化（打吊结合、忽前忽后、时左时右），还要善于处理各种不易处理的二传来球等。

（3）连续动作。扣球者在进攻的同时，要加强自我保护，并做好连续拦网和进攻，迅速由进攻转入防守，并及时由防守转入进攻的各种准备。

三、保攻战术训练的法则与特点

保攻战术是指我方进攻时，对被对方拦回来的球所采取的防守与反攻战术。在比赛中，相对于一攻和反攻战术而言，保攻战术的次数不多，但随着拦网水平的提高，机会将会增加。又因接拦回球后的再进攻与再拦网，双方短兵相接，时间短促，难度较大，而且接拦回球的成败对我方扣球者和对方拦网者，乃至双方队员的士气与信心的影响极大，切不可等闲视之。

（一）组织与运用保攻战术阵型的依据

球队在比赛中采用什么保攻战术阵型，主要依据以下3条原则。

1. 根据我方采用的进攻战术和扣球者扣球的位置

在2、3、4号位扣球或后排进攻时，其保护阵型各有区别，因而应根据不同的进攻情况，做出由5人、4人或3人保护的相应部署。

2. 根据对方拦网者的实际情况

根据对方拦网的人数、拦网的手形及其反射面等情况进行判断，我方防守队员及时移动取位去保护被拦回的球。

3. 根据我方反攻战术的需要

防守保护成功后，要根据我方当时前排和后排队员的具体情况，及时组织反攻战术。

（二）训练与运用保攻战术的要点

在保攻战术的训练与运用中，全队要树立"一人扣球，全队保护"的意识。防守队员除应具备敏捷的反应能力外，还应掌握多种（如扑、跪、倒等动作）防守技术，以完成保护和防守的任务。

1. 对二传手的要求

二传手在完成组织进攻任务后，必须及时移动去保护扣球者，而不应站立观望，要降低重心，迅速取位，做好保护。如遇拦回球是高球，二传手可直接把球传给进攻者扣两次球，而不机械地采用3次击球。当然，这需要平时训练进攻意识，以免弄巧成拙。

2. 对扣球者的要求

扣球者在扣球过程中，要有较强的自我保护意识。扣球者在扣完球落地后，要随即降低身体重心，做好救球的准备。

3. 对其他队员的要求

其他队员首先应判断进攻点位置，因为进攻点附近是接拦回球最困难、最集中的区域，所以应根据我方的防守战术，对这一区域层层设防。其他队员在防守时要降低重心，观察场上情况，及时向各个方向移动救球。

一旦防守保护成功，要根据我方反攻战术的需要和对方当时拦网的情况，立即由防守转入再进攻，并做好再保护的准备。

四、推攻战术训练的法则与特点

当对方无法组织有力的进攻，被迫将球传、垫、挡过网时，是我方组织推攻战术的极好机会。这种情况在水平较低的球队之间的比赛中出现较多，高水平的球队之间的比赛间或有之。球队可根据情况采用"中一二""边一二""后排插上"等进攻战术阵型，组织多种多样的战术进攻。队员要集中注意力，准确判断对方意图和来球落点。接球队员应根据我方进攻战术的需要，确保将球传、垫到位。

这种"机会球"在组织运用中需特别注意两点：

一是先接后扣。全体队员尤其是前排队员要先接好来球，再准备扣球；切勿只顾进攻，忽视接球。

二是造成声势。一旦接起了球，全体队员要根据位置分工和战术组织的安排，大张声势，一拥而上，以造成气势磅礴、压倒对手的进攻态势，力求防反成功，打击对方士气。

第八节　培养优良战术意识

战术意识是包括排球运动在内的球类运动十分重要的理论和实践内容，但国内外与此相关的专著较少。我在1975年就曾把自己长期积累的实践经验，加以总结、概括，使之条理化、系统化，并上升为理论，发表在多人合著的《排球技术、战术训练法》（人民体育出版社，1976年出版）一书中；后经不断修改、补充与完善，又先后刊登于中国核心刊物《体育科学》、国际排联技术刊物《排球技术》(*Volley Tech*)。

本节就什么是战术意识、战术意识的重要作用、战术意识的内容，以及如何培养与提高战术意识等问题进行进一步探讨，期待能引起同行们对培养运动员战术意识的重视，并将其用来指导训练和比赛实践，达到提高运动员正确运用技术的能力、加速运动员成长的目的。

一、什么是战术意识

战术意识是指运动员在发挥技术的过程中，支配自己行动的带有一定战术意图的思维活动，是运动员根据彼我双方的情况，正确运用技战术的能力。

二、战术意识的重要作用

战术意识，乍听起来似乎很抽象，实际上很具体，它虽看不见、摸不着，但却是实实在在存在着的一种"无形的技术、战术"。运动员在场上每一项技术、战术的正确运用，无不受一定的战术意识支配，无不包含战术意识的内容。战术意识是球类运动技术、战术的灵魂，支配着技术、战术的正确运用，影响着技术、战术的良好发挥。

从生理学的观点讲，战术意识以第二信号系统为特征，是高级神经系统活动的表现，是在运动训练实践基础上产生的，又反作用于运动训练实践。从心理学的观点讲，战术意识是运动员自觉的心理活动，是对客观现实自觉的有意识的反映，并对客观现实起着积极的促进作用。从哲学的观点讲，意识是存在的反映，又对存在起着反作用。因此，战术意识对运动训练实践有巨大的能动作用。在训练和比赛中，注重培养运动员的战术意识，对于提高运动员正确运用技术、战术的能力，提高运动员临场的判断能力与应变能力，丰富运动员比赛经验，让运动员充分发挥技术，学会动脑筋、用智慧打球，以及加快运动技术的掌握和加速成长，都具有极其重要的意义。

三、战术意识的内容

根据排球训练和比赛的规律与特点，战术意识主要包括以下8个要素。

（一）技术的目的性

任何技术、战术的掌握与运用，都必须有明确的目的性。运动员在训练和比赛中，要想正确地运用技术、战术，充分发挥自己的水平，就必须头脑清楚，目的明确，有的放矢。运动员对各项技术、战术的掌握与运用，不但要知其然，而且要知其所以然，以力求使自己的每个行动都带有一定的战术目的。

譬如，发球要强调攻击性和准确性，有的放矢地去攻击对方；扣球要努力避开对方的拦网，或利用对方拦网者的手形，采用避强打弱、寻隙突破等策略；一传、二传、防守和保护，不是以垫起、传起为满足，而是要求垫、传到有利于组织进攻的位置上；等等。

（二）行动的预见性

排球比赛的双方对抗激烈，场上瞬息万变。运动员在训练和比赛中，要想使技术、战术具有一定的目的性，并及时采取相应的行动，就要全神贯注，动作连贯，预见未来。

排球运动的特点是完成技术时间短促，实现战术速度很快，球不能停留在手中，也不能随意落地，这就更需要运动员有高度的预见性。在完成一个动作之前，要注意观察可能出现的各种动态，在完成一个动作之后，要随时准备应对下面即将发生的任何情况，一切行动立足于充分准备和事先预见，防患于未然。

要根据排球运动的客观规律，彼我双方的人员和攻防特点，以及临场情况的发展变化，预见到各种可能发生的情况，准备好多种应对的办法。例如，在进攻时，要预见到我方二传的情况和对方拦网与防守的动态；在防守时，要预见到对方可能采取的进攻战术、扣球路线及其特点；在对方扣球不断受阻时，要预见到其可能采用吊球或轻扣；在进攻之后，要迅速转入防守的部署；在防守之后，要立即转为反攻的行动，以及对临场各种不同来球做好准备与预判等。

（三）判断的准确性

比赛场上的正确行动来源于准确的判断。要使有目的性、有预见性的行动准确无误，就必须善于通观全局，加强对临场彼我双方情况的观察与判断。

判断准确是正确发挥技术、战术的前提，必须把一切行动建立在仔细观察和准确判断的基础上，既要看球，又要看人和网，保持人、球、网的正确关系。要随时观察与判断对方的攻防特点、我方的人员动态、来球的情况及临场的发展变化，以便采取相应的合理行动。例如，在进攻时，要观察与判断我方人员的位置、跑动路线和起跳时机与地点，以及对方的拦网、防守部署；在防守时，要观察与判断我方的相互配合及对方进攻的特点和路线的变化等。

预见与判断，两者既有联系，又有区别。预见是估计可能发生的情况，判断是根据已经发生的情况决定接下来要采取的动作。当对方扣球连连被我方阻拦之时，就应预见其可能采用吊球或轻扣，但只有当对方击球出手之后，才能根据来球的方向、路线和落点，做出准确的判断，采取防守行动。因此，只有加强行动的预见性，提高判断的准确性，才能产生正确的技术、战术行动，掌握比赛的主动权。

（四）进攻的主动性

运动员为了争得比赛的胜利，必须创造一切可能的机会去积极进攻，主动出击，培养高度的进攻意识，并使进攻行动具有强烈的攻击性和较大的突然性。

攻击性，就是要造成声势，压倒对手，千方百计从对方弱点处突破；突然性，就是要出其不意，攻其不备，想方设法打对方一个措手不及。如球在我方，就应积极准备进攻；如球在前排，就应力争运用两次扣球及转移战术；如球高于球网，就应采取进攻行动。同时要善于利用对方的心理特点，或运用非常规的打法出奇制胜，采取突然行动进行奇袭（如两次扣球、打吊结合、变化路线）等。

（五）防守的积极性

进攻与防守是矛盾的统一体。在排球运动中，防守是进攻的基础，进攻是防守的继续，也是防守的目的。运动员为了有力地进攻，首先必须积极防守，接好来球，并不失时机地转为进攻行动，而不是被动挨打，消极防守。

区别积极防守和消极防守的关键是看这种防守是否贯穿了积极取胜的思想，是否为进攻服务。一切防守的技术、战术，都必须带有强烈的进攻性和明确的目的性，都必须成为辅助进攻或准备转入进攻的一种手段，使形式上被动的防守具有主动的内容，含有进攻的因素。例如，一传、防守和保护，要明确组织进攻的目的性，成为一攻或防反的前奏；拦网要积极主动，力求拦死或拦起，便于组织反攻；等等。

（六）战术的灵活性

无论进攻或防守，都应力求灵活善变。运动员必须善于根据主客观情况的发展变化，灵活地运用和变换各种进攻或防守战术。任何战术的运用，不管如何变化，都离不开时间、空间和人员这3个因素。从这个意义上说，灵活地运用战术就是：适时地掌握进攻时机，或及时进行防守部署（时间）；正确地选择进攻突破地点，或恰当采取防守布局（空间）；合理地组织与发挥全队的积极作用（人员）。

例如，在进攻中运用对方不适应的有效打法，抓住战机，进行突袭，或从对方弱点突破；在防守中根据对方的不同特点来部署防守；充分调动全队的积极因素，多给技术发挥良好的运动员创造进攻机会，以及掌握与利用对方人员的特点，并采取相应的攻防行动；等等。

（七）动作的隐蔽性

运动员为了争取主动和优势，必须善于运用各种娴熟的动作技巧（假动作或隐蔽动作），去扰乱与迷惑对手的判断，给其造成错觉；不要过早暴露自己的战术意图（隐蔽自己的行动规律），以赢得比赛的主动权。要力求动作隐蔽，打法多变，虚实结合，使对方难以揣测，防不胜防。

例如，运用二传假动作，转手变线的扣球，扰乱对方拦网的判断；采用快球实扣与掩护进攻的巧妙交替，或在跑动中进行突袭等，造成对方防守的困难；等等。

（八）配合的协调性

排球运动是对抗性和集体性很强的项目。为了充分发挥集体战术作用，合理地组织战术协同，运动员在场上的每一个行动，都必须胸怀全局，紧密联系，积极与同伴搞好战术配合，与同伴通力协作，努力为我方创造进攻的机会和组织严密的防守，或主动弥补同伴的失误所造成的技术漏洞，把个人技术的发挥融合在集体协同之中，努力促使集体战术配合的圆满实现，如进攻手与二传手之间的密切配合，进攻手之间的相互掩护，前排队员之间、后排队员之间和前后排队员之间的联系与协作等。

战术意识所包含的8个要素，既密切联系，又互相区别，各具特色，缺一不可。作为一名优秀排球运动员，在技术、战术的运用中，应力求具备这8个要素。然而，对于不同技术、战术的运用，战术意识的8个要素并不是等量齐观、平均对待的。

各项不同技术、战术的运用，有不同的内容和要求。有些战术意识的要素，带有普遍性，是运用各项技术、战术必须具备的，如技术的目的性、行动的预见性、判断的准确性等，任何一项技术、战术的运用，都离不开这些要素。而有些战术意识的要素，却具有特殊性，适用于某些相应的技术、战术。例如，进攻的主动性适合于进攻技术、战术的运用；防守的积极性适合于防守技术、战术的运用；战术的灵活性和配合的协调性适合于各种攻防战术的运用；动作的隐蔽性则只适合于短兵相接的扣球和拦网技术、战术的运用以及作为辅助进攻的二传技术，发球与防守性的技术等就难以运用隐蔽动作。

对于运动员的培养进程来说，战术意识的8个要素也不是齐头并进、一拥而上的。不同训练对象、不同训练水平的运动员，对战术意识的培养应有不同的计划、步骤和要求。例如，对青年运动员，应首先培养与训练其技术的目的性、行动的预见性、判断的准确性和防守的积极性等；而对训练有素的运动员，则应着重提高其战术的灵活性和动作的隐蔽性等。当然，战术意识的8个要素是不能截然分开、互相对立的。不同水平的运动员，或同一水平运动员在不同的训练周期，可以对战术意识的8个要素区别对待，有所侧重。

四、如何培养与提高战术意识

培养与提高运动员的战术意识，不是一日之功，也不可能一蹴而就，应在日积月累的训练和比赛中，持之以恒，严格要求，不断完善，逐步实现。一般可采取下列措施与方法：

（1）教练员要根据战术意识8个要素的内容和要求，把培养战术意识的任务，纳入训练计划，提到训练日程上来，这是培养与提高运动员战术意识的理论依据。只有针对不同的训练对象，进行有计划、有系统、有意识的严格训练，才能将培养运动员战术意识的任务落到实处，加快其战术意识的培养。

（2）运动员要苦练过硬本领，掌握全面熟练的技术、战术，这是培养与提高运动员战术意识的基础。战术意识是在运动训练实践基础上产生的，运动员只有掌握高超的技术、战术，具有丰富的实践经验，才有可能具备较高的战术意识。战术意识的能动作用，正是借助技术、战术的发挥来实现的。

（3）运动员要在刻苦训练的基础上开动脑筋，勤于思索，手脑并用、练想结合，这是培养与提高运动员战术意识的重要途径。多思出智慧，多思长才干，在苦练的基础上用心钻研，可以培养运动员独立处理临场各种情况的能力，有助于他们正确运用技术、战术，培养与提高他们的战术意识。

（4）教练员要在基本技术的训练安排中，贯穿战术意识的因素，渗透战术意识的内容，而不是孤立地让运动员练基本技术，这是培养与提高运动员战术意识的必要方法。把技术训练与培养战术意识有机地结合起来，有助于在技术训练的过程中不断提高运动员技术的运用能力，加快其战术意识的培养。

（5）运动员要开阔视野，对临场主客观情况具有敏锐的观察判断能力，在训练和比赛中眼观六路、耳听八方，这是培养与提高运动员战术意识的客观依据。因为只有情况明，判断准，才能采取正确的技术、战术行动。

（6）教练员要在加强运动员基本技术训练的前提下，创造条件让运动员多参加实际比赛，以丰富运动员临场比赛经验，培养运动员合理运用技术、战术的能力，这是培养与提高运动员战术意识的有效办法。另外，运动员也可以通过观摩优秀运动员的训练或优秀运动队的比赛，分析训练、比赛的情况，总结经验教训等方法，从中获得教益，不断提高战术意识。

（7）教练员要抓好无球技术动作的训练，重视对无球运动员的训练要求，这是培养与提高运动员战术意识的重要环节。在排球训练或比赛的配合过程中，当一名队员击球时，其余的队员都应有相应的行动（这就是无球技术）。如我方发球时，前排队员应准备拦网或扣探头球，后排队员应立即进入防守状态；当一传接球或防守时，其余的队员应同时准备保护与接应；当二传组织进攻时，所有的进攻者应积极准备扣球，其余的队员应随时准备保护；拦网时，不参加拦网者应后撤防守或保护；球在对方区域时，全队应时刻做好防守的准备；等等。无球运动员的无球技术动作正确与否，是运动员战术意识优劣的重要标志。只有在训练和比赛中反复强调，严格要求，毫不放松，才能有效地培养与提高运动员的战术意识。

（8）运动员要了解与熟悉排球运动的客观规律，这是培养与提高运动员战术意识的基本条件。运动员只有对本专项运动的发展趋势以及技术、战术特点和规律有比较深刻的认识，才能正确运用与发挥技术、战术。运动员可以通过加强专项理论知识的学习与研究，或总结经验等方式，来提高对专项运动规律的认识，以培养战术意识。

（9）运动员要了解与掌握彼我双方的人员情况和攻防技术、战术特点，这是培养与提高运动员战术意识的必要前提。运动员只有知己知彼，才能使自己的行动符合客观实际，并合理运用各项技术、战术。运动员可以通过日常训练、比赛观摩或开总结会等方式，来知己知彼，丰富临场经验，提高战术意识。

（10）教练员要有明察秋毫的观察判断能力，并对临场出现的情况加强指导，这是培养与提高运动员战术意识的关键。运动员战术意识的培养与训练应贯穿于日常的每堂训练课之中，而教练员的指挥能力起着主导作用。教练员除了要根据不同的对象进行有计划、有系统的训练，还要提高对训练过程的观察与分析，加强对临场出现情况的指导，以便能及时地发现问题、准确地指明问题、正确地解决问题。例如，运动员扣球不力，是由于起跳不当或手法不好，还是由于进攻准备不足或不善于寻隙突破？运动员防守失误，是因为手臂控制球的能力差，还是缺乏预判或卡位不当？前者主要是技术上的差错，后者则可能是战术意识的问题。这就需要教练员具有对事业一丝不苟的态度、丰富的实践经验和理论知识以及较高的指导艺术，这样才能使运动员在长期运动训练实践中，不断提高战术意识。

第九节　打造球队过硬作风

一、什么是作风

作风，是运动员在训练、比赛或学习、生活中一贯表现的态度和行为，是运动员的思想和意志的反映，是一种潜移默化的"习惯势力"，具有一定的继承性、延续性和感染性。

二、打造过硬作风的意义

教练员在带领一支球队成长的过程中，要始终重视培养与精心打造球队的思想作风、训练作风和比赛作风等。古人云："近朱者赤，近墨者黑。"良好的或不良的作风，都会在潜移默化中对人产生影响。

作风是构成一支队伍战斗力的重要因素，是一种无形的技术、战术。拿破仑讲："一个军队的实力，四分之三是由士气构成的。"此言或许有点夸张，但却有一定的道理。良好的作风可以产生无形的战斗力和无穷的辐射力，促进技术迅速提高，保证技术充分发挥，引领队伍获取比赛胜利。

两队交锋，必有胜负，有时是技术的因素，有时是作风的原因，有时则是两者兼而有之。实力相当的两支球队互相对抗，作风高下、意志强弱，往往是决定比赛胜败的关键。"两强相战勇者胜"，说的就是作风对人行为的影响。在一定条件下，作风顽强、气势勇猛，可以使技术较弱的球队转弱为强；相反，作风疲软、意志脆弱，也可能使技术较强的球队转强为弱。局势不利时，如果作风顽强，可以转败为胜；处境顺利时，如果作风疲软，也可能转胜为败。这种战例屡见不鲜。

强调作风的重要作用，并不意味着技术无足轻重。我们不但要有良好的作风，而且要有过硬的本领。掌握高超的技术、战术，是战胜对手的必备武器，是完成任务的物质条件。这就是说，在正确思想的指导下，运动员有了高超的技术、战术做基础，能充分调动积极性，发挥主观能动作用，反映出良好的精神面貌和球场作风，也就有信心去争取比赛的胜利。

作风与技术是辩证统一的关系，两者互相依存、互相制约。作风可以带动技术，但不能代替技术。作风是构成一支队伍战斗力的重要因素，但不是唯一因素。"艺高人胆大，胆大艺愈高"，这是作风与技术辩证关系的体现。

三、打造哪些过硬作风

打造球队的过硬作风，主要包括以下3个方面。

（一）思想作风

思想作风是指教练员和运动员在思想认识、思想行为方面的一贯态度和表现，是指他们的精神境界、道德情操与思想方法等。

作为国家和人民培育出来的教练员和运动员，首先，要有祖国至上、全局在胸、把国家和集体的利益摆在第一位的精神境界；其次，要有无私奉献、公道正派、团结友爱、遵纪守法的道德情操；最后，要有实事求是、一切从实际出发的思想方法。

教练员是教育者，"教育者必先受教育"，要以身作则，严于律己，率先垂范，做运动员的表率。运动员是受教育者，要学习排球技战术，首先必须学会做人，做一个有理想、有道德、有文化、守纪律、爱祖国、有益于人民的人，逐步树立正确的人生观、世界观和价值观。

（二）训练作风

训练作风反映了教练员和运动员在排球训练实践活动中的精神状态、价值取向和行为态度。训练作风好不好，直接决定训练水平的高低，影响未来比赛的质量，是左右胜败得失的关键，关系到球队战斗力建设的成败。必须着力在日积月累的训练中，有意识地对训练作风进行培育与铸造。

要让运动员在日常训练中，明确训练的目的性，提高训练的自觉性，加强训练的主动性，勤学苦练，认真钻研，兢兢业业，一丝不苟，身心投入，全力以赴，以加速运动技术的掌握与提高；要毫不犹豫地实行"三从一大"的科学训练原则，不怕苦，不怕难，严格训练，严格要求，练为战，战为胜，训练必须与实际比赛情况相结合，以求在比赛中充分发挥运动员的主观能动作用。

（三）比赛作风

比赛是训练的一面镜子，是展现一支球队平时训练水平、训练质量和训练作风的平台。通过比赛，我们可以检验训练成效，发现存在问题，找出自身差距，制定改进措施，不断砥砺前行。

训练是考核教练员执教能力、聪明智慧和精神风貌的标尺。在通常情况下，比赛成绩反映教练员和运动员训练的综合能力与水平。当然，由于种种不可预测的主客观因素或偶然机遇，有时水平与名次并不完全画等号。

要让运动员在任何比赛中，端正比赛态度，明确比赛目的，正确对待胜负，善于总结经验；顽强拼搏，敢打敢冲，有勇有谋，冷静应对；遇强不惧、遇弱不欺，胜不骄、败不馁；尤其是在比分落后的逆境中，要有压倒对手的狠劲、不屈不挠的韧劲、坚持到底的后劲，才有可能充分发挥技术优势，打出应有水平，进而逆转战局。

四、怎样培养与树立良好作风

培养与树立良好的思想作风、训练作风和比赛作风，是搞好球队建设的重要内容，是一个长期的战略任务，绝非　口之功，不可一蹴而就。

培养与树立良好作风的重要方法如下。

（一）目标明确，坚持不懈

培养良好作风既是自我修养的需要、执行任务的需要，也是球队长远建设的需要。做人要自强不息，发愤图强，明确目标，砥砺前行。只有常抓不懈，持之以恒，良好的作风才能逐步形成。抓而不紧，等于不抓，朝练夕停，浅尝辄止，必然劳而无功，收效甚微。

（二）领导带头，群众互动

榜样的力量产生于潜移默化之中，表率的作用孕育在耳濡目染之下。领队、教练员和尖子队员，是一支球队的"关键少数"、领袖人物，要以身作则、严于律己、言传身教、身体力行。他们的带头与示范作用，是培养与树立良好作风的决定因素。"正人先正己""己不正焉能正人"。嘴上一大套，行动不对号，是培养与树立良好作风的大忌。运动员之间要互相帮助、互相督促，人人重视，造成声势，才易见效。

（三）要求明确，措施落实

孟子曰："不以规矩，不能成方圆。"对于思想、训练、比赛等方面作风的培养与树立，要有具体的奋斗目标、明确的纪律要求、严明的规章制度、切实的落实措施。

（四）大处着眼，小处着手

列宁曾说："要成就一件大事业，必须从小事做起。"

万丈高楼平地起，千丈大树从根生。作风的培养与树立，要立足本职，放眼全局，点滴做起，细微起步，积以时日，因小明大，见微知著。只有这样，良好作风才能日渐形成。从量的积累到质的飞跃，球队就会建设成思想好、作风硬、纪律严、团结紧、技术精、战术活的队伍。

第十节　运用恰当训练方法与手段

任何排球技术训练任务的完成，都有赖于正确选择与运用相应的训练方法与手段。训练方法与手段是完成训练任务的载体，是为完成训练任务服务的。教练员要不断改进与提高排球运动技术水平，就必须通过相应的训练方法与手段去实现。打个比方，我们的任务是过河，那么，过河的方法与手段可以多种多样，如架桥、乘船或坐直升飞机等，教练员就要根据实际情况来选择、运用过河的工具。因此，选择、运用的训练方法与手段恰当与否，将直接影响到训练质量的高低和训练任务的成败。

"授人以鱼，不如授之以渔。"本节讨论的不是排球各项技术具体的训练方法与手段，而是提示教练员选择、运用训练方法与手段需要遵循的原则与要求。教练员只要知其内涵、得其要领，就可以触类旁通，一通百通，甚至可以根据自己的实践经验，创造出各种新颖、有效的训练方法与手段。

一、选择训练方法与手段的原则

教练员选择训练方法与手段，必须遵循下列原则。

（一）要与训练任务相吻合

针对不同的训练任务，教练员应选择不同的训练方法与手段。例如，学习、掌握某项技术和改进、提高某项技术，两者的训练方法与手段就不一样。

（二）要与实战相结合

对于具有一定水平的运动队，其训练方法与手段应力求在近似比赛或超过比赛的困难复杂条件下进行，即要在快速运动中、突然变化中、连续动作中和激烈对抗中进行训练，这样才能提高训练水平，达到预期目的。

（三）要适应运动员的训练程度和技术水平

针对不同技术水平的运动员，教练员应选择不同的训练方法与手段，因材施教。要求太低，难度太小，则事倍功半，甚至劳而无获；难度太大，难以适应，也不能达到预期效果，而且容易受伤。

（四）要有较高的密度与强度

任何训练方法与手段都应使运动员有较多的触球时间与次数，有相应的运动负荷。特别是对于高水平运动员，教练员应使其有较高密度与强度的训练，以增强对其机体的刺激，使其加快建立条件反射，有效提高训练效果。

（五）要与训练周期相适应

针对不同的训练周期，教练员应选择不同的训练方法与手段。例如，在训练前期、后期，比赛期或过渡期，其训练方法与手段应有所区别。

（六）要有适当的多样性和趣味性

在坚持上述原则的前提下，教练员可以适时地变换一些训练方法与手段，以引起运动员的兴趣，但要殊途同归；也可以采取一些措施，以激发运动员训练的积极性。

（七）要考虑其他客观训练条件

教练员在选择训练方法与手段时还要考虑参与训练的运动员人数的多寡、训练场地器材情况以及气候条件等。

二、运用训练方法与手段的要求

选择恰当的训练方法与手段很重要，但更重要的是实际操作与运用，如同一名厨师虽然采购了各类鸡、鱼、蛋、菜和调味品，但未必就能做出美味佳肴，这里有烹调技术的运用问题。同理，采用某一种训练方法，不同的教练员可以练出不同的效果，这就是"运用之妙"的问题。

为了提高训练质量，达到预期效果，在运用训练方法与手段时，教练员应注意做到以下几点。

（一）要吃透精神，得其要领

各种不同的训练方法与手段，有其特定的目的与要求。教练员在运用中，要心领神会，得其要领，不但要知其然，而且要知其所以然，这样才能取得良好的训练效果。

（二）要严格要求，一丝不苟

有了好的训练方法与手段，教练员在运用中必须严格要求、严格训练，包括对技术要领、动作质量和球场作风等方面的要求。这是保证训练方法与手段正确运用的重要条件，是加速提高技术水平的必经之途。

（三）要周密计划，合理安排

在训练中，教练员要对项目内容、运动负荷、时间分配、人员分组、球数使用及捡球时机等方面进行统筹安排，以便使训练在紧张而有序的氛围中进行，达到预期的训练效果。

（四）要善于总结，推陈出新

在运用训练方法与手段过程中，教练员要善于总结自身的实践经验，认真学习别人有益的东西，不断创造符合训练规律、适应实战需要的新方法、新手段。既不要千古不变，天天都是老一套，也不要朝令夕改，盲目追求花样翻新。

三、采用训练方法与手段的类型

排球各项技术的训练方法与手段，种类繁多，举不胜举，但按其不同的性质、特点与作用，可以分为不同的类型。教练员要根据不同的训练任务、不同的训练对象、不同的训练水平、不同的训练周期、不同的训练要求以及不同的训练条件等，采用不同的训练方法与手段。

（一）诱导性训练法

诱导性训练法，即采用徒手模仿、间接练习或器材辅助等方法进行训练，使运动员建立正确的技术定型。该方法一般用于开始学习与掌握某项技术，或改进某一错误动作。

（二）分解性训练法

分解性训练法，即把完整的技术分解为几个步骤来训练，使运动员强化各个技术环节的方法。该方法一般用于学习、掌握或改进、提高动作复杂或难度较大的技术。

（三）串联性训练法

串联性训练法，即把两项及两项以上相关联的技术结合起来训练的方法。该方法是有效提高技术运用能力和实战水平的重要方法，被各球队普遍采用。

（四）综合性训练法

综合性训练法，即把某项技术与全队的攻防战术训练密切结合起来，以提高运动员对该项技术的运用能力和应变能力，提高运动员的战术素养水平的方法。

（五）难度性训练法

难度性训练法，即通过有意制造难题，设置困难条件，使训练在接近比赛或超过比赛的条件下进行，以提高运动员实战能力的方法。

（六）对抗性训练法

对抗性训练法，即通过有意设置对立面，增强对抗条件，使训练在激烈的竞争中进行，让运动员适应实战情况，提高运动员训练积极性，增加训练难度与强度的方法。

（七）重复性训练法

重复性训练法，即为学习、改进或巩固、提高某项技术而反复训练的方法，让运动员加深印象，建立条件反射。

（八）鼓励性训练法

鼓励性训练法，即为完成某项特定的训练任务，采用考核、评分、加分等方式，以营造训练气氛，活跃运动员训练情绪，提高训练效果的方法。

（九）限制性训练法

限制性训练法，即为完成某项特定的训练任务，或为防止不必要失误，采用评分、减分或"罚"做某种规定动作的方式，以让运动员集中注意力，达到预期目的的方法；或者设置限制性条件以便运动员改正错误动作或增加训练难度的方法。

（十）指标性训练法

指标性训练法，即为完成某项特定的训练任务，提出必须达到一定的数量和质量指标的方法，不达目的，不得停练，以规范技术要求，提高训练效果。

（十一）分化性训练法

分化性训练法，即把两种动作结构近似但技术细节不同的技术，分别或结合起来进行训练，以让运动员体会其不同要领和手法，建立不同条件反射的方法。

（十二）分组训练法

分组训练法，即将运动员分为若干小组，分别或同时进行训练，以加强临场指导，分别解决某些特定的训练任务的方法。

（十三）半场训练法

半场训练法，即运用半场进攻或防守等方法进行专门的训练，以强化运动员相关技术，提高训练效果的方法。

（十四）全场训练法

全场训练法，即将运动员分为两队，按一定的训练任务和要求进行训练，以模拟比赛条件，提高运动员实战能力的方法。

（十五）模拟训练法

模拟训练法，即根据对方攻防的特点，结合我方的具体情况进行模拟性训练，以提高训练的针对性和实效性的方法。

（十六）多球训练法

多球训练法，即为提高训练的密度、强度和难度，在某些训练中采用多球进行练习，以让运动员增加摸球次数、熟练掌握技术、提高训练效果的方法。

第十一节　加强二传专门训练

二传技术在比赛中的地位与作用，人所共知。教练员对二传技术训练的良苦用心，毋庸置疑。一支高水平的排球队，不但要拥有技艺精良的进攻手，而且要拥有出类拔萃的二传手。富有远见卓识的教练员，不会不重视对二传手的培养与训练。

我当过5支排球队的主力二传手，担任过4支男子、女子排球队的主教练，训练出一批优秀二传手输送到国家队。长期的排球训练、比赛实践，使我在二传技术和二传手的培养、训练方面，获得了一点真知，积累了一些经验，因而在70余年排球生涯中，我在报纸、杂志上发表了若干文章。1989年，我撰写了一本专著《二传技术与训练》由人民体育出版社出版；2000年，经过修改、补充与完善，该专著更名为《怎样成为优秀二传手》由河海大学出版社出版。

本书特地单列"加强二传专门训练"这一节，意在把我在任教过程中，对二传手培养与训练的经验，与同行们交流与分享，期待能引起教练员和运动员对此问题的兴趣与研讨，以进一步丰富我国排球训练理论宝库。

对于二传手的培养与训练，从技术层面上讲，教练员要努力做到以下几方面。

一、夯实基础技术

练好二传技术中最基本、最常用、最关键的基础技术，才能为掌握二传全面技术和达到高精尖水平，打下扎实的基础。

（一）抓好脚步起动、移动速度及其灵活性的训练

二传手的脚步起动、移动速度及其灵活性，是完成各种二传技术的基础。要根据实践中二传技术运用的特点，采用各种结合实战的训练方法与手段，提高对各种不同一传和防守来球的判断能力（如前后左右、高低远近、轻重快慢），提高在网前或由网前向各个不同方向起动、移动和制动的能力，提高迅速改变方向、灵活移动脚步的能力等。

要防止与克服现实存在的重手法、轻脚步的训练惯性。尤其是身材较高的二传手，必须跑得动、跑得快、蹲得下，并力求运用准确度高的上手传球，避免过多二传垫球。脚步不快不灵的人，不可能成为优秀的二传手。

（二）抓好传球手法的训练

在快速移动、准确取位的基础上，传球手法（正确手形与合理击球动作）的好坏是二传成败的关键。要通过严格反复的训练，提高手对球的控制能力，提高手对球的感觉能力，提高手对各种不同来球的适应能力。

良好手感的形成，对二传手至关重要。因为球要传多高、多远、多快，是无法量化说明的，只可意会，教练员无法给予提示。只有通过反复实际训练，主观认真领悟，使第一信号系统与第二信号系统交替发生作用，才能逐步提高手对球的感觉能力，从而形成良好的手感，达到运用自如的程度。

（三）抓好视野训练

任何一项技术的正确掌握与成功运用，都离不开准确的观察与判断。二传手在比赛中，既要与我方扣球手紧密配合，又要与对方拦网者进行斗智，没有广阔的视野是完成不好任务的。因此，在二传技术训练中，教练员要采取各种方法与手段，训练运动员眼观六路、耳听八方，观察与判断一传和防守来球的方向、弧线、速度和落点，观察与判断我方扣球手助跑上步的时机与地点，观察与判断对方拦网者的部署与动向。

视野训练是培养二传手临场组织与运用战术能力不可或缺的内容，但往往被忽略，甚至被无视。教练员开始可以采取强制性的训练方法，要求二传手在传出每个球之前，务必先注视目标（我方进攻者或对方拦网者）；熟练之后，就不必正视目标，运用眼睛余光去观察；也可以"顾左右而传他"，声东击西，干扰对方拦网者的判断。

视野训练，不但练眼睛，而且练大脑、练智慧、练观察与判断能力、练组织战术谋略。而视野不广、闭目塞听的二传手，有较大的盲目性和莽撞性，其水平的发挥具有不确定性，很难让教练员放心。

二、强化系统训练

二传技术的种类繁多，动作细腻，在训练中不可能也不应当齐头并进，一拥而上；教练员应根据球队的训练任务、战术需要和二传手的实际水平，按先后缓急来进行安排。

（一）制订周密计划

教练员要根据二传手的实际水平和具体情况，制订系统的、周密的训练计划，有步骤、有重点、有针对性地对其进行严格训练，这样才能有效提升二传手的技术水平。要防止训练零敲碎打，随心所欲，缺乏训练的严谨性与计划性。

（二）安排专门训练

要有专门的教练员负责训练二传手，二传手每天要进行30分钟左右有计划、有步骤、有针对性的训练。如果有两个场地，二传手与其他队员的训练要分开进行；如果只有一个场地，则各用半场训练。只要精心组织、合理安排，就能得心应手，互不干扰。

（三）加强技术串联

教练员要根据排球实战情况的要求，将二传技术训练同排球其他各项技术训练进行串联安排，以提高二传技术的运用能力。例如，一传与二传，防守与二传，二传与扣球，二传、扣球与拦网，二传、扣球与防反等的串联训练等。

（四）注重分化训练

教练员要根据各种不同二传技术的特点与战术要求，对二传手进行分化训练，如传前快球与传背快球、传前快球与传短平快球、传近网快球与传远网快球、传平拉开球与传高拉开球、传近网进攻球与传后排进攻球，以及前传球、背传球与侧传球等。这些不同类型的传球手法和击球技巧是各不相同的。只有反复、系统地进行分化训练，才能得其要领，获得真知，达到得心应手、运用自如的熟练程度。

三、狠抓技术难点

各项技术的训练都有其难点。在训练中，努力解决好这些技术难点，就可能使该技术产生质的飞跃。

二传手的培养与训练，一要循序渐进，打好基础；二要以难带易，突破难点。

二传技术训练的难点因队而异，因人而异。对不同训练水平的二传手，要作具体分析和区别安排：

（1）对一般水平的二传手而言，其技术难点是传低球和背传球。因为如果能传好各种不到位的困难来球（一传或防守）和各种不同方向的背传球，那么，应对其他到位的和正面的传球，自然就可以从容自若了。

（2）对一定水平的二传手而言，其技术难点是组织各种快速多变的进攻战术。因为组织这些战术，在时间、空间和人员的相互关系上，要求彼此密切配合，精确无误。

（3）对较高水平的二传手而言，其技术难点是在组织各种快速多变战术的基础上，着重加强与提高其具有掩护功能的跳传球和晃传球以及各种二传技术假动作。因为其难度和作用在二传技术中当属上乘。

艺无止境，学海无涯。每一个有作为、有担当的二传手，都应敢于攻克技术难点，勇于探索技术奥秘，不断攀登技术高峰。

综上所述，衡量二传手能力与水平的标准，可以分为3个不同档次：

一是及格：能把二传既稳又准地传到位，为进攻手提供适宜的扣球条件。

二是良好：除了前者，能正确选择进攻突破口，恰当组织战术，合理分配球。

三是优秀：除了前者，能根据彼我双方情况，运用某些动作技巧和心理学知识，干扰与迷惑对方的拦网判断，掩护我方队员进攻，起到辅助进攻的作用，使本来没有进攻功能的二传技术，含有进攻的因素。

四、注重软实力培养

软实力指的是战术意识、作风、心理等无形的技术。如前所述，它们也是排球训练的重要内容。前文已经论述战术意识和作风训练的相关问题，这里要讨论的是二传手的心理训练。

我不是学心理学的，更不是心理学专家，只是自学了些许心理学知识，结合二传训练的实践经验，讨论二传手的心理训练。

心理，是客观事物在人脑中的反映，是人的感觉、知觉、记忆、思维、情绪、性格、意志等的总称。二传手良好的心理素质对技术的正确掌握和合理运用，有着举足轻重的作用。

二传手的心理训练就是将心理学的原理与规律运用于二传手的训练之中。二传手心理训练的内容，狭义地讲，是使二传手学会调节自己心理状态的各种方法；广义地讲，是有意识地对二传手的心理过程和个性心理特征施加影响，以创造有利于提高和发挥技术水平的心理条件，如训练二传手的认知能力、专门化的知觉（手感、球感、本体感、时空感）、注意力的集中与分配、思维的敏捷性和灵活性、动作的记忆力、自我调控能力，以及认真的态度、顽强的意志、冷静的思维、协作的精神等。这些心理要素，对所有运动员而言都是必需的，对二传手尤为重要。

二传手的心理训练，可从以下几方面去努力。

（一）培养自我控制和调节能力

二传手在训练和比赛中，要与一传队员、防守队员、进攻队员、拦网队员等发生联系，起到桥梁与纽带的作用。其间，二传手难免会受各种主客观条件的影响，情绪可能会产生各种不同的变化。这就需要通过传统的和现代的心理训练来培养二传手自我控制和调节能力，即培养二传手善于适应各种条件和环境的能力，使其处于最佳心理状态。

传统的和现代的心理训练方法有集中注意力的"入静"练习、自我放松训练、念动训练（对运动的想象或回忆，运用表象和自我暗示）、生物反馈训练（运用生物反馈仪）、模拟训练（包括语言形象模拟与实际形象模拟，后者运用较多）等。

（二）培养个性心理特征

排球比赛的对抗性、竞争性和胜负观等因素，可使运动员的心理状态在比赛过程中发生变化；而这种心理状态变化，是受运动员个性心理特征影响的。

亚里士多德指出："克服自己欲望的人比征服敌人的人更为勇敢，因为最艰难的胜利是战胜自我的胜利。"

人的神经类型基本上是不能改变的，但通过有意识的培养与训练，人的行为方式是可以改变的。尤其是青少年可塑性大、模仿性强，我们更应对其个性心理特征进行有意识的培养，帮助其战胜惰性，塑造良好品格，如勤奋好学、动脑思考、团结协作、善于自制、吃苦耐劳、坚韧不拔、顽强拼搏等。

（三）培养特殊的心理智能

心理训练不只是消极地使运动员排除影响技术发挥的心理障碍（这叫作治

疗心理），还应积极地帮助其提高技术水平，促进其技术发展，即所谓"认知"的训练，如专门化知觉的培养，注意力集中、转移和分配的培养，记忆力的培养，思维敏捷的培养，意识活动的培养，等等。

第十二节　匡正常见训练弊端

我国排球经过70多年的训练实践，积累了丰富经验，取得了卓著成绩，培养了大批人才，在国际排坛占有重要的一席之地。然而，金无足赤，事无完美，我们应当清醒地认识到，我国排球在训练上还存在一些需要改进与提高的地方，有的可能是不引人注意的"小节"，有的则是事关训练方向的"大事"。

为使我国排球技术、战术水平不断提高，以适应与时俱进的世界排球发展形势，在当前的训练工作中，有几个问题值得研究和改进。

一、关于重攻轻守

在中国排坛，重攻轻守是老生常谈的话题，似有阳盛阴衰的趋向，男排甚于女排。究其原因，从客观上讲，进攻更容易使人产生获得感、成就感；从主观上讲，防守是苦力活、吃重的差事，往往会引发教练员与队员之间的矛盾；从认识上讲，有关人员缺乏高屋建瓴、通观全局的辩证观点，只知其一，不知其二，只见树木，不见森林。

曾经有人宣称"有了自由人，高大队员就可以不练或少练防守""高大队员练防守是浪费时间""'攻势排球'是取胜之道""抓好'发扣拦三角形'是当代世界排球发展趋势"，等等，不一而足。有人还在全国性排球研讨会上，大肆宣扬这种违背排球训练规律的论点，令人不可思议！其实，这些伪命题，是站不住脚、不值一辩的。

技术全面是六人排球的突出特点，是当代排球技术、战术的发展趋势，是我国几代排球人的经验总结，也是我国排球运动在各个不同发展时期提出的训练指导思想的重要内容之一，并与国际排联专家们的观点不谋而合。无论竞赛规则如何修改，运动员身高有何变化，技术全面都是培养、训练运动员（自由人除外）的永恒主题。这是因为：

从比赛规律讲，实行每球得分制，保证了各项技术都可以得分和失分，高矮队员，概莫能外，在分数面前人人平等。其一，高大队员在发球后必须入场防守，如果不会防守，这一分必输无疑；倘若是关键的一分，就可能导致满盘皆输，这种战例屡见不鲜。其二，自由人只有一个，如果后排有两个以上防守差的高大队员，一个自由人是无法应对的，其他防守差的队员必将成为对方集中攻击的靶子。其三，高大队员在前排不拦网时必须后撤防守，在比赛中还要处理各种"小球"，技术不全面的队员是难以胜任的。这些都是排球比赛基本的客观规律。

从攻防关系讲，排球的一切进攻（除发球和扣探头球外）都是从防守（接球）开始，只有防守成功，才能实现进攻；防守是进攻的基础，没有防守作为保证，进攻就无法发挥；尤其在比分落后的情势下，倘若无防守反击，绝无逆转可能，必败无疑。重攻轻守绝不可取。

从拦防效果讲，随着运动员身材高大化和进攻能力的提高，现在的拦网成功率只有30%左右，就是说对方扣来的球有70%要靠后排防守队员来接，防守能力差的球队必然失分易、得分难。以拦代防，也行不通。防守训练是艰难、吃重的苦力活，还易引发教与学之间的矛盾。不练防守，教练员、运动员皆大欢喜。殊不知，训练艰苦，比赛从容；训练轻松，赢球困难。这是练与赛的因果关系。

从生理学理论讲，对高大队员进行全面的技术训练，可以在其大脑皮层中建立更多的"暂时联系"，形成广泛的条件反射，有利于技术的转换，相互促进，举一反三，触类旁通；有利于培养其灵活性、快速反应、适应力、应变力等能力。这是那些技术片面、攻防失调的人所望尘莫及的。

从系统论的"木桶原理"讲，一个由若干块木板组成的木桶，其容积取决于最短的那块木板。一支排球队的主力阵容由6个个体组成，个人技术不全面，集体配合就不可能完善，整体功能就难以充分发挥，容易陷入捉襟见肘的困境。高大队员只有拥有全面技术，加上网上优势，才能凸显其强大实力；若有一名队员技术不全面，其实力必打折扣，就会成为经不起摔打的"泥足巨人"。

从训练学观点讲，高大队员如果不加强基本功训练，不掌握全面技术，过多地练习扣球和拦网，而忽视传、垫、防等技术的培养，还容易引起运动损伤，缩短运动寿命，这种历史教训并不鲜见。排球训练规律和运动员成才规律不可违背，也不能凭空想象。否则，欲速则不达，抄近而实远。

从治学观念讲，我国近代著名教育家蔡元培对学生的成才过程，作了"宏、约、深、美"4个字的科学概括。"宏"，即在知识结构上要博大宏伟，兼收并蓄，打好基础；"约"，即由博到约，精于一门，选好专业；"深"，即精深、发展、创造；"美"，即达到完美境界。鲁迅也主张，治学要"既博且专"。同理，运动员也必须掌握全面技术，打好坚实基础，拥有技术特长，提高专位能力，才可能成为世界级的优秀运动员。

"攻势排球"等论点是伪命题，这个提法本身就缺乏科学性和逻辑性。任何排球比赛，有进攻，必有防守；有防守，才能进攻。比赛中没有单纯的"攻势排球"或"守势排球"。

因此，技术全面提高，攻防协调发展，是六人排球训练的永恒主题。任何逆流这个主题的"重攻轻守"或"重守轻攻"及其变种的形形色色悖论，都违背排球训练规律，歪曲排球运动正确发展方向，背离比赛制胜法则，违背人才成长规律。

实践是检验真理的唯一标准。古今中外违背这个规律的教练员及其球队，少有在赛场上扬眉吐气的，大都折戟沉沙，铩羽而归。

众所周知，排球的进攻与防守、网上技术与后排技术是互相联系、互为因果、相辅相成的。防守是进攻的基础；进攻是防守的继续，也是防守的目的。只有防守成功，才能实现进攻；只有进攻有效，一切防守努力才有意义。进攻与防守、网上技术与后排技术，好比人的左腿与右腿，也犹如核弹头与运载火箭，两者相互依存，缺一不可。谁能说得清孰轻孰重？哪个是重点或非重点？

当然，如果作为训练过程的计划安排，进攻或防守可以有抓某一重点的先后之分；攻强守弱或守强攻弱的球队，为补齐短板，也可以在训练上有所侧重。但若作为现代排球的发展方向和制胜规律，两者必须等量齐观，均衡发展，没有什么重点与非重点之别。任何片面强调一方而偏废另一方的训练，都不可取。

因此，教练员和运动员，对于技术全面的内涵，要正确理解，深刻体验，付诸实践，落实行动。不要一知半解，片面理解，有所误解，或加以曲解；也不要知而不行，或浅尝辄止。在运动训练上没有平坦大道，只有坚持不懈、不畏艰难沿着陡峭山路攀登的人，才有希望达到光辉的顶点。

二、关于防守训练

随着运动员的年轻化、高大化，进攻能力的加强和网上争夺的加剧，我国排球队的攻防矛盾日益尖锐。男排攻强守弱的情况存在已久，女排的攻防也有失调的倾向。为了遵循排球比赛的客观规律，顺应世界排球的发展趋势，适应运动员结构变化带来的新特点，不断提高全攻全守的水平，我国各排球队必须在继续提高进攻能力的同时，着力提高防守能力。

要加强防守训练，可以采取各种强化措施，运用各种方法与手段，但我认为，要想收到事半功倍的成效，首先要在训练指导思想和球场意识方面做到以下几点。

（一）要积极主动地防守

积极主动地防守是练好防守的主导思想。防守是在对方进攻的压力下所采取的一种"自卫"行动，在形式上是被动的。但必须培养运动员不以消极被动的态度应付进攻，而应以积极主动的态度对待防守，以无往不胜的气概去力拼来球，并使防起的球成为辅助进攻或准备转入进攻的一种手段，使本来容易陷入被动地位的防守，含有进攻的因素。日本女排前主教练小岛孝治有一句值得借鉴的话："防守不是被动挨打，而是向前进攻，没有压倒进攻者的勇气是根本不能防守好的。"在掌握一定防守技术的条件下，有无这种积极主动的思想，效果是大不一样的。要防止产生在防守中消极被动、无可奈何、畏惧来球、裹足不前的现象。

（二）要及早准备防守

及早准备防守是练好防守的必要前提。凡事预则立，不预则废。防守属被动技术，需要及早进入战备状态，才能在被动中掌握主动。排球比赛完成技术短促、实现战术迅速、攻防转换快捷，这就要求运动员时刻做好准备，不能稍有懈怠。运动员在运动场上的反应速度，同其准备程度密切相关，有了充分的准备，才能在瞬息万变的对抗中反应及时，措置裕如。据统计，我国女排比赛防守失误的原因中，准备不足约占三分之一。因此，防守训练必须强调时刻提防，及早准备，只要球未落地，就要随时观察来球，做好防守准备，包括心理上和动作上的准备。要防止产生那种事先无准备，来球"吓"一跳，一旦球落地，只好"敬个礼"的现象。

（三）要有判断地防守

有判断地防守是练好防守的关键。运动员在场上的一切正确行动，均来源于对主客观情况的观察判断。运动员要学会对对方队员的进攻特点，战术运用情况，来球的类型、路线和落点同我方拦网区域的关系，以及自己在场上所处位置等几方面进行综合观察判断，以便采取相应的防守行动。进攻需要判断，防守更需要判断。没有判断的行动是盲目的行动，而盲目行动是劳而无功、难见成效的。要避免只忙于摔打滚爬的苦练，而忽视有意识判断的训练。

（四）要在动中防守

在动中防守是练好防守的重要条件。正确的防守姿势，应始终保持低重心的、微动的状态，去主动迎球防守，而不是固守一隅，守株待兔。在动中防守，可以克服人体惰性，减少起动时间，及时快速地起动和移动；可以保持灵活的脚步，力争正对来球，避免原地蹲死；有利于改变移动方向、应对突发情况，以及活跃全场气氛、支援同伴等。要防止那种"作茧自缚""画地为牢"式的防守训练。

（五）要整体性防守

整体性防守是练好防守的战术要求。要做到一人防守，大家支援；一人击球，所有无球队员都根据自己所处的不同位置，采取相应的动作，而不是孤立无援，各自为政。整体性防守体现了通力协作、密切配合的集体主义精神；反映了场上队员对来球做出一定的判断，采取相应的行动。它有助于对防守者的保护与接应，以及迅速由防守转入反攻；可以弥补队友防守失手造成的漏洞。要防止产生别人打球你"参观"、队友拼命你"休息"的现象。

（六）要顽强拼搏地防守

顽强拼搏地防守是练好防守的精神保证。防守要有技术基础，更要有精神支柱。要提倡每球必争、每分必拼，球不落地、一拼到底的精神。有了这种精神，可以激励我方士气，削弱对方的进攻锐气；可以化危为安，绝处逢生，防起濒于绝境的险球；可以以勇补拙，弥补某些技术上的不足，保证技术充分发挥；还可以起到宣传、教育作用，使观众受到正能量的激励与鼓舞。要反对在防守中畏缩不前、身不着地的不良作风。

三、关于扣球训练

青少年运动员，在学习与掌握扣球的过程中，是先练好扣高球技术，还是先练好扣快球技术？这是个有争议的问题。有的教练员认为，快球技术容易掌握，应先练好扣快球；有的教练员认为，主攻手要先练好扣高球，副攻手则要先练好扣快球……这不只是一个具体练习方法的问题，而是一个涉及训练指导思想的问题。

根据当代排球运动的发展趋势，从长远的眼光和全面的观点来看，作为一名进攻手必须兼备强攻与快攻两种进攻手段，全面掌握扣高球和扣快球两项技术，这是毫无疑义的。但从青少年运动员学习与掌握技术动作的顺序和进程来讲，无论是准备培养为主攻手还是副攻手，都应先掌握好扣高球技术，以利于建立正确的动力定型和全面提高扣球技术。主要原因如下：

（1）运动员在反复练习扣高球的过程中，通过对来球（二传）的判断，不断提高找准起跳时机与地点的能力，逐步形成正确的时间、空间概念。

（2）扣球技术的关键是助跑起跳和击球手法，扣高球的动作幅度较大，完成整个扣球技术的过程较长，可使运动员在完成动作过程中，有较充裕的时间去考虑整个技术结构，发挥第二信号系统的作用，从而有利于建立正确的动力定型，打好扣球基本技术的基础。准确地找到起跳时机与地点，保持好人与球的正确关系，是决定扣球成功的关键之一。

（3）练习扣快球，主要是由二传手主动"喂球"，扣球者只要在一定的时间和地点起跳击球就行，对来球的判断和时空的选择要求不如扣高球那么严谨，而且由于扣快球动作幅度小、完成时间快，扣球者很少有考虑动作的余地。

（4）青少年运动员如果过早、过多地练习扣快球，则有可能形成不合理的动力定型，从而贻误终身。青少年运动员先掌握好扣高球，再练习扣快球，一般不会产生多大的困难和障碍。相反，如果过早、过多地练习扣快球，则会限制扣高球技术的提高与发展。很多运动员的训练实践已经充分证明了这一点。

（5）强攻扣球在比赛中运用的机会较多，难度较大，应以较多的时间和精力去进行训练与提高，才符合排球训练的客观规律。

顺便提及，有人争论哪一种扣球手法和动作比较正确、合理。我认为，衡量扣球技术动作正确、合理的标准是：①符合排球竞赛规则的规定；②符合人体解剖学和运动生物力学等原理；③符合协调省力、效果良好的要求；等等。

我国运动员的扣球手法和动作多种多样，如屈臂扣球、轮臂扣球、直臂扣球等，各有各的特点和风格。外国运动员人高马大，大都采用屈臂扣球的手法。在学习、训练时，应该根据个人的特点和爱好，因人而异，有所选择，不一定框死一种，或把某一种扣球手法的优点绝对化。但是，不论采用哪一种扣球手法，根据上述的衡量标准和实践经验，从直观上判断，如下几条原则必须共同遵循：

（1）挥臂快速有力，特别是前臂和手腕必须加速挥动，形成鞭打动作，而不是动作僵硬。

（2）手臂挥动的运动轨迹，应呈圆弧形，而不是直线下压。

（3）在击球一瞬间应有提肩和伸臂的动作，力争在最高点击球，而不是肩、肘下拖。

（4）整个手掌应击准和掌握好球，控制好球的方向，似有把球带走一个短暂过程的感觉，而不是一触即离（轻扣球除外）。

（5）击球时全身应协调用力，根据来球远网、近网的不同情况，用收腹或收胸动作，带动手臂挥动，而不是只用手臂动作击球。

四、关于视野训练

在排球训练和比赛中，我们往往看到有不少运动员一球障目、不见全场的情况，完成动作缺乏预见性，场上行动带有盲目性，因而经常出现攻无章法，守则乱阵，互相抢让，互不配合，造成不应有的技术失误等。这除了由于技术不全面、不熟练，战术意识不强，缺乏比赛经验，还与平时训练不重视开阔视野、临场不注意观察与判断有关系。

开阔视野，通观全局，是对临场情况观察与判断的前提。运动员在训练和比赛中的正确技术、战术行动，来源于对彼我双方的观察与判断，而要有准确的观察与判断，就必须眼观六路、耳听八方。

开阔视野，可以促使运动员在训练和比赛中，手脑并用，练想结合，有助于运动员掌握与提高技术。开阔视野，可以逐步培养运动员的战术意识，不断提高其临场经验，使其明确运用技术的目的性，增强场上行动的预见性，提高运用战术的灵活性，从而提高运动员合理运用技术、战术的能力。开阔视野，还可以为运动员掌握与提高某些高难度的动作技巧（如二传的假动作、扣球的隐蔽性和拦网的变方向等）创造有利条件。

开阔运动员的视野，要做到以下3点。

（一）要掌握好观察的时机

各项不同的技术，对观察的时机有不同的要求。如在扣球时，一般要先观察对方的防守战术和拦防状况（也可在"死球"或同伴扣球时观察），观察的时机和顺序是：在一传出手之后、二传出手之前，先观察对方的拦防状况；当二传出手之后，随即把目光转移到对二传来球的判断上；跳起空中之后，即观察对方拦网情况，以便寻隙突破。

在进行二传时，观察的时机与顺序是：在"死球"时了解对方拦网的分布态势，而后观察我方一传或防守来球的路线与落点；在我方一传或防守来球出手之后、二传触球之前，注意观察我方扣球者上步的情况，以及对方拦网的动向。

拦网和防守的观察时机是：从球进入对方区域开始，到对方整个组织进攻的全过程，直至其扣球出手的一瞬间，都离不开观察与判断。

发球是在发球前进行观察。接发球则是在对方持球准备发球，直至击球出手之时，都应贯穿观察与判断。

所有的观察过程都是在瞬间完成的。

（二）要学会观察的方法

观察的方法有3种：一是双目正视目标的观察，二是用眼睛余光观察，三是声东击西的观察。

（三）要提出训练的要求

对年轻运动员最重要的是进行强化训练，必须不厌其烦地强调每球必看。动作熟练和自动化之后，则可以用眼睛余光观察，或运用目光的环视，声东击西，掩人耳目，以增强运用技术、战术的隐蔽性和突然性。

五、关于专位分工

专位分工是指运动员在训练或比赛中，在竞赛规则允许的条件下，专门换至某一特定的位置上去完成进攻或防守的职能，目的是充分发挥运动员的个人特长，调动其积极因素。我国自1950年开展六人制排球赛以来，在20世纪50年代有些队就采用专位分工，当时主要是在前排换位，可以说是继承了九人制排球的某些传统特点。

1964年，大松博文教练员率日本贝冢女排访问中国，该队采用前排和后排人员分别固定换位的打法，凭借全面熟练的技巧，取得了令人叹服的战绩。从此，我国一线队、二线队及三线队，就像推广先进经验一样，普遍实行前、后排专位分工，这对于专精某一位置的进攻或防守，发挥运动员的个人特点，确实起到一定的积极作用。

本来，实行专位分工应是在技术全面的基础上充分发挥个人的特点。但是，有些球队在训练中搞片面机械的专位分工，或过多、过早地定位练习，分得太细，专得过死，限制了运动员积极性的发挥和运动能力的调动。例如，有的运动员只会在4号位扣球，而不善于在其他位置上进攻；有的运动员只会扣平快球，而不善于打高球；有的二传手只会传球，缺少进攻意识，只会在2号位拦网，遇到连续攻防来不及换位时，就不知所措；有的主攻手只会在5号位防守，"守株待兔"，而不善于到其他位置去补防。

这种不适当的分工和定位，有以下弊端：

（1）不适应排球运动的发展要求。当代排球运动的特点之一是全面，技术不全面的运动员很难在比赛中应对瞬息万变的情况，其仅有的某些个别长处，很容易被对手识破和适应；其因技术不全面所带来的弱点，则易被对手攻击而陷于被动。

（2）不利于战术水平的提高和战术的灵活运用。技术是战术的基础，技术决定战术。技术片面，动作单调，势必导致战术简单，运用呆板。若只会打快球，不善于打高球，或者相反，又如何去提高战术水平和实现战术的灵活性呢？

（3）有碍于实行"组织一条龙、训练一贯制"的体制。由于分工太专，定位太死，运动员从三线队转入二线队或一线队，或从省二队调至省一队，或从地方队调至国家队时，往往因为主、副攻人员的安排和后排防守位置的矛盾，影响了集体协同配合的默契，延长了熟悉配合的过程。

因此，在训练指导思想上，必须树立技术全面的观点，要打破主攻与副攻机械分工的界限，打破定位进攻的痼习，力求全面掌握强攻和快攻两种武器；打破攻手不练传球、二传手不练扣球的现象；打破后排专练某一位置的防守的形式，以利于防守技术、战术的灵活变化；等等。尤其是青少年运动员，更应掌握好全面的技术基础，不宜搞机械片面的专位分工和过多、过早的定位练习；即使是训练有素的老运动员，也要在技术全面的基础上，力求有所专精。

掌握全面的技术，有利于触类旁通，闻一知十，以提高对各种来球的适应能力和临场的应变能力。

从技术与战术的关系来说，运动员掌握全面的技术，可以提高技术的运用能力，丰富与发展全队的战术内容，加强战术的灵活与变化，从而提高战术的攻击性与有效性。

从排球比赛的对抗特点来说，运动员掌握全面的技术，可以发扬特长，缩小弱点，多乘"敌"隙，少被"敌"乘，争得主动，避免被动。

从排球的得失分规律来说，各项技术都有得分的机会，各项技术也都有失分的可能，只有技术全面，攻守皆能，才能力争得分，力避失分，依靠主动得分去夺取胜利。

从运动员的"运动寿命"来说，技术全面的运动员还可以延长"运动寿命"，增加为体育事业多做贡献的时间与机会。

当然，掌握全面的技术，并不是主张样样精通，也不意味着否定一定分工的必要性。我们要提倡和坚持的是，在技术全面的基础上培养与发挥个人的专长，而不是片面发展个人专长，阻碍个人技术的全面提高。

六、关于打防训练

打防训练，就是2~3人一组、互打互防的一种练习方法，是任何一级排球队（无论业余队、专业队、国家队和世界冠军队）几乎天天必练的一个训练项目，通常只是作为提高神经兴奋性、活动机体的一种手段，作为训练和比赛前准备活动的一个组成部分。

其实，打防训练过程中所运用的技术涵盖了除拦网外的所有排球发、垫、传、扣、防，以及各种串联、"小球"技术。它是在日常训练中，提高运动员全面技术能力的一种传统方法，打造优良训练作风与培养球场意识的有效手段。精明的教练员应当不失时机，充分利用这种每天必练的项目来加速运动员的成长过程。

人们注意到，对于打防训练，有的球队可以练得生动活泼、有声有色，有的球队却练得死气沉沉、无精打采。这里关键在于教练员有没有提出并实行严格的训练要求。正因为打防训练是球队天天练的项目，所以对其存在的问题也容易熟视无睹，听之任之。人们还注意到，有的球队在训练中，存在着打的不动、防的不拼，互相"照顾"，缺乏难度，串联不起，丢球太多，捡球步履蹒跚、走路大摇大摆，以及不善于充分利用这个训练项目的特点来全面提高各种发、垫、传、扣、防及"小球"技术等现象。

打防训练质量的好坏、水平的高低，在很大程度上反映该队教练员的敬业精神、带队风格和执教水平，体现该队运动员的精神面貌、训练作风、训练程度和技术水平。

这里的问题主要在训练指导思想和训练要求上。在训练指导思想上应当认识到，打防训练不应仅仅作为提高神经兴奋性、活动机体的一种手段，而且应作为训练运动员提高传球、垫球、扣球、防守、串联技术和速度、灵敏、反应，以及球场意识、球场作风等的一种综合性的重要训练项目。

在训练中，打防练得好，可以为球队训练奠定良好的技术基础；在比赛前，打防练得好，可以增强信心，鼓舞士气。

为此，负责任的教练员对于打防训练，应提出如下的严格训练要求：

（1）要按照扣球的正确手法击球，特别要注意前臂的加速度和全掌控制球，以形成和巩固正确的扣球动作，并要根据来球的不同情况（高、低、远、近），快速移动脚步对准球，保持好击球的位置，以提高对球的判断能力、脚步移动的灵活性，以及手控制球的能力。

（2）要根据不同的来球，有意识地运用各种击球手法，如转体、转腕、高点直臂、低球推打等动作，以便在打防训练中同时提高个人的扣球技巧。

（3）要打出各种不同类型和特点（如轻重不同、速度不同、旋转不同、前后左右或扣吊结合等）的球。这既可以给防守者树立较强的对立面，提高其判断能力和防守技术，又可以提高扣球者的扣球技巧。为了增加难度，还可以穿插跳起击球。

（4）要攻中有防，打防结合，打的队员在击球之后必须做好防守保护的准备，而不能两腿直立，只打不防；当防守者垫起来的球不适宜连续再打时，打的队员应力争用上手传球去接应球。接应球不宜单纯采用垫击，尤其是二传手更应养成快速移步、上手传球的习惯，以提高传各种困难球的能力。

（5）要在动中防守，积极拼搏，合理运用各种防守技术，努力抢救每个来球。要注意判断来球，在快速移动中去接近球、取好位，每一次防守之后都应退回原位，再根据新的判断去防守。要强调防守的目的性，控制好垫出球的弧度、速度和落点，以便给队友创造继续再打的机会，保证训练的连续性。要保持移动、不断进退、认真判断、积极抢救、控制好球，这是打防训练取得良好效果的基本的技术要求。

（6）打防失误之后，队员都应主动快速跑步去捡球，按照上述的要求重新开始进行打防训练。

七、关于以赛代练

近年来，有的媒体经常宣扬以赛代练的论点，说什么某队正是采用以赛代练，才取得了什么成效云云。这种观点，是站不住脚、不可取的。

训练，是运动队日常的中心工作，是运动员增强身体素质、塑造技术形象、提高技战术水平、形成技战术风格的重要途径。运动员只有通过系统的、科学的、艰苦的训练，才能达成提高水平、赛好成绩、培育人才、积累经验的目标。

比赛，是训练的一面镜子，是展现一支运动队平时训练水平与质量的平台。运动员通过比赛可以检验训练成效，发现存在问题，找出自身差距，为制订下一阶段训练计划提供客观依据，从而促进训练水平的进一步提高。

训练与比赛各有不同的功能与作用，彼此可以相互促进，共同提高；但不能相互替代，或厚此薄彼。以赛代练，是一个似是而非的伪命题。有的球队一段时期相对集中地进行比赛，应是其全年训练计划的一部分，而不是什么以赛代练。球队正确的训练规律应是以练为主，以赛促练，练赛结合，相得益彰。鼓吹以赛代练的论点与行为，会把球队的训练方向引向歧途。

训练与比赛的关系，如同一棵树的根与叶的关系，只有根深蒂固，才能枝繁叶茂；枝叶茂盛了，必将有助于强根固本。只有提高训练水平，才会有精彩的比赛；同时，高水平的比赛会促进训练水平的提升。只热衷于修枝剪叶，包装赛事，重赛轻练，而忽视强根固本，夯实基础，抓好训练，是本末倒置的短视行为。

历史的经验值得深思！

20世纪七八十年代，国家体委组织全国排球大集训，认真贯彻正确的训练指导思想，实行"三从一大"训练方针，注重打造基本功，坚持全面系统训练，从而使全国排球逐步形成群雄相争、多强对抗的格局，涌现出一大批优秀人才。当时全国比赛男排有五六支队伍、女排有七八支队伍都拿过冠军，而且少有全胜者。1976年新组建的国家队，经过不长时间的训练，就取得了令人刮目相看的成绩。

反观如今的全国联赛，有多少支球队能有夺冠的实力？天津女排勇夺15次桂冠，上海男排也夺过十几次桂冠，这对于她（他）们而言，无疑是可歌可颂的大喜事；但对全国排球的发展，这种一家独大、一骑绝尘、强弱悬殊、"贫富不均"的现象，恐怕不能认为是大好事。

"台上三分钟，台下十年功""平时多流汗，战时少流血"，这些民谚俗语，都阐明了训练与比赛互为因果的辩证关系，耐人玩味。道理并不高深，实行却非易事。可以断言，任何人不付出艰苦劳动，而企求获得优异成绩，只能是缘木求鱼，事与愿违。

第二章

比赛

训练和比赛是教练员和运动员的两大主要任务。运动队的日常工作以训练为中心，但训练的根本目的就是提高水平、赛好成绩、培育人才、积累经验，为国家和社会做出贡献。

养兵千日，用兵一时。运动队一年中的工作成果，在很大程度上都以本年度参加重大比赛所取得的名次作为考评的主要依据。

可以认为，训练是一种实施手段，比赛才是终极目的。每名教练员和运动员都必须倾注全部精力和智慧，认真对待每一次比赛，力争以最佳成绩来展现自己的水平与价值。

名次的高低将关系到教练员职称、运动员等级称号和工资、奖金等的评定，甚至会影响到住房分配及未来工作定位等，同时与全队取得社会企业赞助经费、俱乐部资金的多寡有关。总之，运动队的比赛成绩，同每个主管领导、教练员、运动员的切身利益息息相关，因此，打好每场比赛，完成比赛任务，取得优异成绩，应是运动队工作中的重中之重。

运动队参赛工作的全过程，包括赛前准备、赛中工作和总结休整这3个既相互关联又互为因果的任务。

第一节　做好赛前准备工作

一、思想和心理准备

运动员的思想和心理状态将极大地影响其在比赛中的技术发挥，因此教练员在赛前应把握运动员的思想脉搏，调整其心理状态，使之在激烈的比赛中能正常地发挥技术水平。教练员在这方面一般要做好以下工作。

（一）明确比赛目的，确立奋斗目标

教练员要教育运动员树立雄心壮志，争取最好成绩，正确对待胜负，调动

积极性，努力赛出好风格、高水平，为所代表的团体争取荣誉。

（二）集中全队意志，排除一切干扰

教练员要鼓励运动员集中一切注意力于比赛任务，专心研究技术、战术，为打好比赛献计献策；必要时还可制定一些规章制度，使全队进入意志集中、斗志旺盛、摩拳擦掌的临战状态。

（三）树立胜利信心，做好困难准备

信心对于打好比赛至关重要。信心的培养与树立，一要靠掌握过硬的技术、战术；二要靠正确地估量与分析双方的力量对比，并采取有效的对策；三要对各种可能遇到的困难做好充分准备，把自己摆在恰当的位置上。

（四）崇尚体育道德，遵守比赛纪律

教练员要教育运动员无论顺境或逆境、胜利或失败，都要遵守纪律，服从裁判员，尊重对手，文明礼貌，团结友爱，表现出良好的赛风，为精神文明建设做出贡献。

二、技术和策略准备

（一）抓好赛前训练

在赛前，最重要的技术准备是实施有成效的训练，其质量与效果，将直接影响比赛中的技术发挥。因此，教练员必须根据全年计划的目标和任务、当前队伍的实际情况以及主要对手的特点等，制订专门的训练计划。主要内容如下：

（1）改进个人技术。主要抓好两头，一是扬长，二是克短。特别要抓好主力队员的这两头，以便其在比赛中发挥最大效能。

（2）确定主力阵容。每场比赛阵容的确定，既要从本队运动员的实际情况出发，也要考虑到对手的特点。一般地说，阵容要相对固定，但也应根据运动

员的发挥情况、对手的不同特点和培养新手的计划等综合因素及时调整。

（3）加强战术配合。赛前训练重点是集体战术配合，可根据不同情况重点训练一攻或防反等，也可一轮一轮地进行强化训练。

（4）注重模拟训练。根据比赛对手的特点进行有针对性的模拟训练，是赛前训练的重要内容。这种训练可使运动员知己知彼，也是比赛策略的实战演练。训练中要充分估计各种困难，预见对手的可变性，以提高运动员临场的适应能力和应变能力。

（5）发挥核心作用。培养核心队员是日常训练中的长期任务，但在赛前应给予强化；要有意识地培养那些技术水平较高、资历较老、作风较好、有凝聚力的队员，使他们既善于鼓舞士气、团结全队，又具备临场分析判断和组织能力，使之能在困境中力挽狂澜，发挥核心作用。

（6）保持身体训练。身体训练要长年进行，即使在赛期也要做适量的安排，重点是进行提高力量、速度和专项耐力的训练，以保持良好的竞技状态。

（7）避免伤病发生。在赛前，一项十分重要的任务是防止出现任何伤病，否则，这种非战斗的减员，将会使赛前所有努力功亏一篑。因此，教练员在训练中要防止一切可能危及队员安全的情况发生，在生活中要加强管理，注意每一件可能影响运动员健康的细微事情，未雨绸缪，防患于未然，以保证比赛顺利进行。

（二）了解对手的情况

教练员在赛前，要尽可能详细了解对手的情况，只有知己知彼，才能制定正确的比赛策略。

了解对手的情况，包括对手的主要技战术特点和主力队员的特点；每个轮次的战术打法，如一攻、防守、反攻和发球等；替补队员和专项技术能手的水平与特性；主教练的指挥能力与习性；等等。

了解对手的方法，包括参照过去有关资料；现场观摩对手同其他队的比赛；记录对手比赛情况；运用计算机、摄像机等设备，录制对手有关资料；通过其他队进行调查了解；等等。

（三）制定比赛策略

了解对手之后，教练员要经过一番认真的思考，并结合本队的实际情况，制定出一个切合实际的比赛策略。

（1）熟悉对手的主要攻防打法和个人特点。

（2）确定本场比赛的主力阵容。

（3）研究具体的攻防对策与打法，必要时可以一轮一轮地研究与部署本队的打法。

（4）制订替补队员的换人计划。

（5）做好可能发生的应变措施等。

第二节　实行赛中临场指挥

比赛的胜利要依靠运动员在比赛中的技术发挥和教练员的正确指挥去实现。而教练员赛期工作水平的高下，对运动员技术的发挥和能否取得比赛胜利至关重要。

每名教练员的临场指挥可以有不同的风格与特点，但有一点应是共同的，即教练员的指挥要对运动员产生积极的影响，使他们能够执行全队的比赛策略，实现教练员的指挥意图，调动主观能动性，充分发挥水平。为此，教练员应做到以下几点。

一、力求做到指挥若定

（一）密切关注临场变化

比赛情况瞬息万变，要随时关注双方战局的发展变化，甚至预见到可能发生的情况；及时发现问题，准确分析问题，果断解决问题。

（二）始终保持清醒头脑

处于顺境时，不要麻痹轻敌，掉以轻心；处于逆境时，不要动摇斗志，丧失信心。教练员要鼓励运动员坚定意志，奋起直追，并给他们指出扭转败局的具体措施与办法。

（三）适当注意言行举止

教练员在任何情况下，临场指导要举止典雅，落落大方，沉着果断，语言要明确简练，抓住关键，说到点子上，切勿滔滔不绝、喋喋不休，或优柔寡断、举棋不定，更不要动辄发火，训斥队员。

二、正确运用"暂停""换人"

教练员应根据场上情况的发展变化，在竞赛规则允许的条件下，正确地运用"暂停"和"换人"来实行临场指挥。

（一）关于"暂停"

"暂停"大都在局势不利的情况下运用。教练员运用"暂停"时要注意以下两点：

一要时机恰当。每队每局有"暂停"的机会。"暂停"时机要掌握得恰到好处，一般要留有余地，放在下半局或局末使用，但若前半局发挥不好，失分太多，也可及时叫停，以免大势已去，欲挽无术。

二要指导有方。"暂停"时的指导工作，主要是面授机宜，指点迷津，而不是谈论细枝末节，追究失误责任。

（二）关于"换人"

运用"换人"，有时是因为场上队员发挥失常，有时是为了改变打法，或为扬长，或为补短，或为培养新手，等等。教练员运用"换人"时要注意以下两点：

一要谨慎行事。教练员对场上队员要给予充分信任，疑兵不用，用兵不疑。在通常情况下不宜频繁调换队员，以免搞乱自己的阵脚，也不要因偶尔失手而随意换人，尤其是年轻队员，以免动摇其自信心。

二要有备而为。如需换人，教练员要事先告知替换者，使其做好心理上、身体上和技术上的充分准备，并要向其交代具体的要求和打法，切勿使其仓促上阵，慌忙应战。

三、应对不同对手

排球比赛对抗激烈，由于实力水平不同，比赛双方的心理状态也会有所区别。因此，做好相应的心理准备，采取适当的应对措施，取得心理上的优势，是保证技术、战术充分发挥，夺取比赛胜利的重要条件。

在比赛中，各队都可能会遭遇不同类型的对手，教练员要采取不同的策略。

（一）对手强于自己

遇到强队，首先要有不怕强手、敢于竞争的决心。以弱击强，弱队无包袱，强队怕输球，这是弱队在心理上的优势。但同强队较量，有时也容易产生信心不足、惧怕对手的心理。倘若战局出乎意料的顺利，眼看胜利在望时，容易兴奋过度，急于取胜，被胜利冲昏头脑。如果比分落后，受到挫折，则易丧失信心，一败涂地。反映在打法上，要么不敢进攻，被动挨打；要么鲁莽从事，乱打一气。

必须明白，任何强手都不是无懈可击的，其最大的心理弱点是名气大，怕输球。因此，应对强队，精神上要有顽强拼搏、奋勇前进的大无畏气概，要有坚韧不拔、不屈不挠的坚强毅力，技术水平上可以有差距，心理上则不甘示弱，要把自己摆在"拼"的位置上，积极主动去拼搏，以求心理上占上风。

在打法上，要善于寻找对手的弱点，或以自身的强项对其弱点，先从某一局部取得优势，攻其一点，再及其余，进而夺取全局的胜利。这样做，即便因技术水平不及对手而不能取胜，也可使自己得到锻炼，积累以后打强队的经验。

（二）对手弱于自己

遇到弱队，容易产生胜券在握、笃定取胜的心理。或以强队自居，傲视对手，满不在乎；或只许成功，不许失误，急于求胜。反映在打法上，则是注重进攻，忽视防守，随意失误，不爱惜每一分球。一旦开局不顺，连连失分，就容易急躁惊慌，不战自乱，甚至导致料想不到的失利。

其实，对于实力不如自己的对手，尽管其胜利的信心不足，但他们也有自己的长处，特别是心理上比较放得开，"光脚的不怕穿鞋的"，总想奋勇拼搏。因此，开局时他们一般都打得很"冲"，使出浑身解数来拼一拼。面对这种对手，除切勿麻痹轻敌、掉以轻心外，力求打好开局颇为重要。如能顶住开局，打开局面，就容易动摇其本来就不坚定的信心，乘胜追击，战而胜之。若开局不利，切莫性急自乱，只要情绪稳定，打法得当，就有可能扭转战局，转危为安。

（三）双方势均力敌

两强相遇，势均力敌，谁胜谁负，难以预测。在这种情况下，谁都无必胜的把握，谁亦无必败的理由。胜，不会不费气力地胜；败，也不会轻而易举地败。面对这种对抗形势，比赛双方我怕你，你也怕我，我紧张，你也不轻松。

两强相遇勇者胜。第一，要在战略上藐视对方，心理上压倒对方，气势上胜过对方，情绪上高过对方，解放思想，轻装上阵，敢打敢拼，争取心理上的优势。第二，要做好战局波涛起伏的心理准备，切勿把赛程设想得风平浪静，更不要比分接近就张皇失措，形势紧张就无所适从，碰到困难就垂头丧气，受到点儿挫折就失去信心。只要有争斗的决心、拼搏的精神、冷静的头脑，就能渡过重重难关。

技战术水平接近的双方对阵意味着其胜负对最后成绩名次有着重大影响，因此双方都会十分重视这场比赛。在这种情况下，要有充分的信心去应战，同时要估计各种困难，做好几手准备。要解放思想，放下包袱，放得开才能拼得出成绩，即便处于逆境，也要耐心等待机会。

在策略打法上，要充分发挥本队的强项去攻击对手，同时严防自己的弱点被攻击。要重点抑制对手核心队员技术的发挥，以打乱对手的部署。有时，也可采用上述的以弱击强的策略。

四、处置4种不同局面

在比赛过程中，不可避免地会出现以下4种不同的局面，教练员要采取不同的策略，妥善加以处理。

（一）比分领先时

比分领先时，应坚持原先行之有效的策略打法，以扩大战果，夺取胜利。但要注意观察场上战局的发展和对手打法的变化，以便及时发现问题，调整比赛策略。要坚信分数是一分一分打上去的，不到终局，决不懈怠。要防止因暂时领先而高兴太早，放松大意；也勿因太想赢球而变得小心翼翼，谨小慎微；更不要因被对方赶上几分而急躁忙乱，张皇失措。

（二）比分落后时

领先必有原因，落后必有缘由。比分落后时，应尽快找出问题症结所在，调整策略打法，同时，要能发现对手的弱点予以攻击，以图摆脱困境。此时，最重要的是不能动摇信心、丧失斗志，教练员要鼓励运动员耐心坚持，等待时机，正如毛泽东指出："有利的情况和主动的恢复，产生于'再坚持一下'的努力之中。"坚持就有希望。教练员更要坚定意志，遇险不惊。只要坚持到底，就可能出现转机。即便这一局失利了，也可为下一局打好比赛，鼓舞斗志，积累经验；即便这一场球输了，也不要输掉作风和士气，输球不输人。况且，失败的经验有时比胜利的经验更宝贵。

（三）比分相持时

强队对抗，实力相当，战局犬牙交错、形势跌宕起伏，是一种常态，也可以说是比赛的正常规律，不足为奇。教练员要提醒运动员，把这种状态作为锻炼自己，提升水平，经风雨、见世面的良机；要始终保持顽强拼搏的精神，并以高昂的士气压倒对手；在策略上既要敢打敢拼，充分发挥自己的优势，又要耐心细致，尽量减少各种失误，等待时机，打破僵局，扭转战局。

（四）在关键时刻

所谓关键时刻，指的是在每局20分（决胜局12分）以后双方的角逐与争夺。此时此刻，每分球的得失，都将影响乃至于决定这一局或这一场球的胜负。实行每球得分制后，各项技术都可以得分和失分，强、弱队之间的差距缩小，出现比分接近的关键球的概率比以前增多，而且胜负往往由最后几个球来定。因此，打好关键球，是强队在重大比赛中过关斩将、夺取胜利必须学会的一种本领。要做好以下几点：

（1）气势必须旺盛。关键时刻，势均力敌，你想攻城夺地，我想占据优势，谁都企望胜利，不愿失败，双方心理压力沉重。在这种情况下，谁的信心足、气势旺，手不软、胆不怯，谁就可能在心理上占优势，并在技术上攻不手软，守有章法。

（2）战术要讲策略。打好关键球，凭气势如虹和顽强拼命的匹夫之勇是不行的，需要有冷静的头脑和善战的谋略。要善于观风色、察时变、讲策略、巧用兵。或扬我所长，攻其所短；或抑其所长，避我所短。然而，关键时刻容易犯的通病是，打法保守求稳，战术呆板固定，不自觉地放弃自己克敌制胜的特长，甚至被对手牵着鼻子走。

（3）技术力避失误。失误是比赛失败的重要原因，尤其是关键球的失误，是致命的失误。无疑，最优秀的运动员也难免会马失前蹄，出现失误，但应避免在节骨眼上的失误，更应杜绝低级失误。造成失误的原因有时是技术上的，有时是配合上的，有时是心理上的，有时是兼而有之或互为因果的。要想减少失误，提高成功率，归根结底要靠平日严格要求，刻苦训练，培养自信，砥砺意志，从而达到瓜熟蒂落、水到渠成的境地。

（4）换人务必审慎。关键时刻，教练员希望通过换人来增强队伍力量，调整战术，变换打法，弥补弱点，改变节奏或打破僵局，这是常有的事。恩格斯说过："有谁曾经不冒一点风险，而打过胜仗？"诚然，在关键时刻，为了奠定胜局，有时是需要有大无畏的勇气和魄力，冒点儿风险换人的。但这种冒险不是莽撞和妄动，而是建立在平时苦练过硬本领的基础上，建立在对队员充分了解和信赖的基础上，建立在对临场双方形势充分分析的基础上。从这个意义上说，这种冒险是审慎的冒险、有把握的冒险。无论如何，关键时刻的换人有时是必要的，但必须是有把握的、有成效的，这样才能达到换人的战术目的。

五、择机运用"鹰眼挑战"

为了保证比赛的公平性与公正性，纠正由于裁判员的错判或漏判而引起的纷争，根据国际排联竞赛规则的规定，比赛双方可以运用"鹰眼挑战"，即在该回合结束后8秒内，由质疑方的主教练向裁判员提出。主裁判员根据"鹰眼"的判断，做出最终的判决。每局比赛每队有两次挑战机会，如果挑战成功，仍有两次挑战机会，挑战失败，则减去一次挑战机会。

"鹰眼挑战"适用于以下6种情况：

（1）球落在界内或界外。

（2）球是否触手出界。

（3）球是否触及标志杆或球先打手还是先触杆。

（4）扣球者或拦网者是否触网。

（5）相关运动员是否踩到发球线、3米线和中线。

（6）自由人上手击球时脚的位置（如是否在3米线内等）。

主教练和场上队长在临场比赛中要善于利用规则，择机运用"鹰眼挑战"。挑战主要有以下两种情况。

（一）实质性挑战

当比赛过程中确实存在错判或漏判时，场上运动员应及时向教练员示意，由主教练向裁判员提出挑战。这类挑战，场上运动员身临其境，一目了然，应力求准确无误，以免挑战失败，造成本局失去一次挑战机会。

（二）策略性挑战

策略性挑战是指明知裁判员无错，故意利用规则提出挑战，一般运用在临近终局，或每局20分和决胜局12分之后的关键时刻，即当我方比分落后、战无章法或情绪不佳，"暂停"次数已经用完，但尚有"鹰眼挑战"可用时。目的在于干扰对方比赛节奏，抑制其上升势头，同时给我方喘息调整、"挣扎"再战的机会。此时教练员可以在场外喊话指挥，以图扭转战局。

为人要老实，打球应"狡诈"，"兵者，诡道也"。

第三节　进行赛后总结休整

一、关于总结

任何正规的排球比赛，只有两种结局，不是胜利就是失败。但无论胜败都要认真总结经验教训，以利于下一场比赛和队伍的长远建设。

作为胜利者，在肯定成绩、坚定信心的同时，要善于从胜利中认真查找差距，保持清醒头脑。

作为失败者，不但要找出失利原因，为下一场比赛和今后训练提供依据，而且要看到自己的长处，从失败中查找积极因素，以提高信心，增长士气。失败乃成功之母，重要的是要善于从失败中吸取经验教训。

二、关于休整

经过长时间的艰苦训练和紧张激烈的比赛，教练员和运动员的精力、体力消耗极大。为了消除精神上和身体上的疲劳，以及养伤治病，在大赛后应安排时间适当地进行休整，以便尽快恢复体力，调整心态，养精蓄锐，迎接新一轮的训练与比赛任务。

休整有积极性休整与消极性休整两种。积极性休整，如进行其他运动项目的练习；消极性休整，如采用放假、旅游等方式。休整的方式与时限，应视与下一个比赛任务相隔时间的长短而定。

需要指出的是，放松而不放纵，休整而不松劲。要保持正常生活规律，注意劳逸有度，重视作息安排；要适当进行运动，在休闲之余，安排一些体育锻炼，不要只是消极性休息，以防体重增加，体能和机能下降，以保证在休整期结束后，能及时跟上训练节奏，迎接新的训练任务。

前面讨论了赛前准备、赛中工作和赛后总结与休整。就教练员掌握整个比赛工作过程而言，可以说是完成了任务。然而，参加比赛的重要目的之一，是夺取胜利。那么，如何在比赛中争得主动与优势，采取哪些对策与谋略战胜对手，是值得专门研究与探讨的课题。这对于教练员丰富理论知识，提高战略思维，拓宽工作视野，提高专业能力，完善执教水平，或许不无裨益。以下两节，根据我的实践经验和学习心得，专门来讨论这些问题。

第四节　力争赛场主动地位

一、主动地位的重要意义

排球比赛对抗激烈。比赛双方为了赛出风格，赛出水平，夺取胜利，总是力图在比赛中争取主动、避免被动。一支球队在比赛中，只有态度端正，目的明确，作风顽强，斗志昂扬，具有实力基础，技术发挥正常，战术运用得当，力量组织合理，主观指挥无误，才能有"行动的自由权"，有驾驭整个比赛变化的能力，从而使自己立于主动与优势的有利地位，达到战胜对手的目的。

二、主动地位的客观基础

一支球队在比赛中的主动地位，同其本身力量的优势（包括技术、战术水平和身体素质等）不能分离，而其被动地位则与其力量的劣势是分不开的。比赛双方力量的优势或劣势，是主动或被动的客观基础。贯穿比赛始终的主动地位，即绝对的主动权，只有在绝对优势的队对阵绝对劣势的队时，才有可能出现。

三、主动地位与主观能力

一般情况下，势均力敌的球队之间比赛，双方力量的优劣都不是绝对的，而是相对的，双方都互有长短、各有千秋，都有各自的有利因素和不利因素，都各自存在着"以己之长，攻彼之短，抑彼所长，避我所短"的可能性；双方只有通过主观能力的活跃，通过比赛的激烈争夺，通过在技术、战术、体能、作风和指挥诸方面的较量，才能体现出优势和劣势。

因此，主动或被动，不但是和比赛双方力量的优势或劣势分不开的，而且是和主观指导的正确或错误、主观努力的发挥程度相关联的。比赛时，一方要力争优势和主动，另一方也要力争优势和主动，从这个意义上说，比赛就是双方以一定的身体素质和技术、战术水平等客观基础作为地盘，互争优势和主动的主观能力的竞赛。

比赛双方，都要力争主动、力避被动。但在实战中，被对手逼迫到被动地位是常有的事。有主客观诸多原因：或实力不如对方，或作风不够顽强，或态度不够认真，或情况估计错误，或力量组织不当，或技术不够全面，或战术运用不活，或特长不能发挥，或弱点充分暴露，或进攻碰壁，或防守乱阵，或一攻不稳，或防反不力，或失误频繁，或指挥失当，或体力不支等，都可能使己方处于被动挨打、穷于应付的困境。被动总是不利的，必须力求摆脱它。在这种情况下，必须全力找出矛盾之所在，寻根求源，对症下药，下定决心，采取对策，充分发挥主观能动作用，迅速恢复主动地位，否则，结局就是失败。

四、主动地位的实施策略

那么，怎样在比赛中发挥主观能动作用，有意识地去争取主动、避免被动呢？

形势是由条件造成的。要造成比赛中主动地位的形势，有很多策略与方法，一般来说，可从下列诸方面去努力。

（一）灵活用兵

灵活地使用兵力，是排球比赛中争取主动、避免被动的重要方法之一。毛泽东指出："灵活地使用兵力这件事，是战争指挥的中心任务，也是最不容易做好的。"（《论持久战》）在排球比赛中，灵活地使用兵力，就是灵活地组织力量、灵活地运用战术和灵活地变换战术。

（1）灵活地组织力量就是根据本队运动员的思想作风、技术、战术、临场发挥和体能等情况，结合对手的基本特点，配备强有力的阵容出阵，或替换有生力量上场。一般来说，每支球队都有一个基本的阵容配备、基本的战术打法，但不应只有一个固定的阵容配备，单一、呆板的战术打法，还应根据运动员个人特点、临场表现、对手情况和客观条件等因素灵活调整，做到因时、因地、因人、因情况恰当地组织人员，灵活地配置力量。

例如，有的运动员对某队比赛信心百倍，对另一支球队比赛则易被制服；有的运动员上场，某队就惧怕他，而他却又慑服于另一支球队；有的运动员打强队劲头十足，对弱队则容易松垮；有的运动员容易兴奋过度，先出场常打不好；有的运动员能够沉着应战，后上阵能转危为安；有的运动员浑身是胆，敢打关键球；有的运动员谨小慎微，畏缩不前；有的运动员看观众多、气氛浓，越战越强；有的运动员受观众哄闹就晕头转向；等等。教练员只有根据平时的了解和临场的观察，知人善任，正确使用力量，调动一切积极因素，才能做到以兵对兵，以将对将，成竹在胸，用兵如神，使自己立于主动地位。

教练员对于上场的主力队员，应给予应有的信任，特别是对新队员要大胆让他们在实战中学习，在实战中经受考验，在实战中增长才干；要允许他们在比赛中犯错误，在实战中改正错误。只要他们犯的不是思想作风方面的错误，不是影响全局的技术差错，一般不宜动辄撤换，以免影响其自信心，挫伤其积极性。处于困难不利局面时，除非不得已，不要过于频繁地换人，以免动摇军心，破坏场上节奏，造成更加被动和混乱的局面。

对于主力队员，要相信他们，但不迷信他们。主力队员是比赛的突击力量，他们在比赛中的表现和发挥一般都是较好的，否则就不被称为"主力"了。但有时他们也会有失常或严重失常的情形，在这种情况下，教练员要当机立断，坚决果敢，该换时就换下。往往会出现这样的奇迹：主力阵容连败两局，士无斗志，无可收拾；第3局6个替补队员挥戈上阵，则声威大震，扭转乾坤，临危制胜。这是什么缘故呢？

一是麻痹作用。主力已败两局，替补又何足惧！对手或被胜利冲昏了头脑；或因领先后变得谨小慎微，保守求胜，被胜利"吓"昏了头脑。

二是出奇制胜。对手不适应这些"奇兵"的打法。

三是破釜沉舟，背水一战，有进无退。反正连输了两局，只有"孤注一掷"，一拼到底，才有希望败中求胜，这叫"投之亡地然后存，陷之死地然后生"。

创造了这些条件，就促使了矛盾向着它的对立面转化，原来连胜两局的一方，就把主动地位让于连败两局的一方。

灵活地组织力量，要有雄伟的胆略和勇敢的冒险精神。在一局或一场决定胜负的关键时刻，或在相持不下的战局下，根据当时的比赛形势和主客观情况，大胆换上信心百倍、术有专精的发球能手或扣球、拦网好手上场，在集体配合下，往往会出现"一球定乾坤"的胜利结局，或者打破相持僵局，占据主动地位。这叫"为人之所不敢为，胜人之所不易胜"。

在这种情况下，双方都容易出现紧张手软或保守求稳的现象。关键时刻勇者胜，谁有勇敢的冒险精神，谁敢于在防守的基础上大胆发动进攻，谁就能首先在气势上压倒对方，进而夺取技术上的优势，从而奠定胜利的战局。

当然，这种勇敢的冒险行动，也有两种可能，一种是成功，另一种是失败。事物的发展总是曲折的，比赛过程也不是径情直遂的，技术上的失手是难免的，要允许有失败的可能。如果失败，不要责怪运动员，教练员要勇于承担责任，要从中总结经验教训。

应当指出，这种勇敢的冒险，必须伴随缜密的思考。最重要的是，要观察了解这个"冒险者"当时的信心、士气和技术、体力状况，以及彼我双方的比赛形势。教练员如果根据判断认为可以换人上去，就应交代具体任务、要求和注意事项，才能使换人有把握。缜密思考是行动有把握的前提。胸中无数，仓促应战，往往是换人失败的重要原因。灵活不是妄动，勇敢不是鲁莽，要准确地把握好两者的界限。

（2）灵活地运用战术和灵活地变换战术就是根据主客观情况和临场的发展变化，有目的、有计划地采用攻击性强、实效性大的战术打法去争得比赛的主动地位。当前，排球战术朝着快速、多变和高度、立体的方向发展，有名目繁多的战术。但各种战术都离不开时机、空间和人员这3个因素。要认识到，学会这些战术是容易的，灵活地运用和变换这些战术就不容易了。不得其时，不得其地，不得其人员之情况，都不能奏效。

例如，快速战术、跑动换位进攻的运用，如果进攻手与二传手之间配合不好，或二传不当，或进攻手跑动不适，或在防守反击中前后脱节，串联不好等，都会贻误战机，丧失主动，甚至造成失误，这就是时机问题。突破口选择在2号位，恰在对方拦网的弱点处，容易攻下，夺得主动；选择在4号位，正是对方密集拦网处，势必碰壁，造成被动，这就是地点问题。在战术组织中，某队员发挥正常，进攻得利，可相对地集中给他进攻的机会；或是根据情况相对分散进攻，全面发挥全队的进攻威力，这就是人员情况的问题。

适时地掌握进攻时机，准确地选择突破地点，巧妙地发挥运动员的积极作用，并根据临场情况进行分散、集中和转移的进攻，是灵活地运用和变换战术的3个重要方面。

必须指出，实现灵活地运用和变换战术的核心，在于正确的临场指挥和密切的集体配合基础上的二传手的技术水平、战术意识及组织才能。因为，在什么时机、选择哪个突破口、采用什么战术、传给谁进攻，不是由进攻手来决定的，有时也不是教练员能够左右的，而是由二传手根据对主客观情况的判断来处置的。这就要求二传手有顽强的意志、冷静的头脑、团结协作的精神、通观全局的能力、高度的战术意识、丰富的临场经验、巧妙的组织才能以及熟练的二传技巧。

根据排球运动的发展规律和世界排球战术发展的趋势，特别是根据中国排球队积极主动、快速、灵活等特点，采用积极跑动、交叉换位、隐蔽突袭、活点进攻，是灵活地运用战术的主要手段，是有计划地造成对方错觉，出其不意地攻击，造成优势和夺取主动的重要方法。

"兵以诈立"，要在原有固定三点进攻的基础上，积极交叉跑动，发展活点进攻；要在快速进攻的条件下，突出灵活多变，提高隐蔽突袭的能力；要从点线的进攻战术，努力向立体、纵深战术发展。力求在积极跑动中实现战术配合，在快速运动中突破对方防线，在突然变化中扰乱对方防守部署，以隐蔽行动造成对方判断错误和行动错误，从而达到迷惑对方、掩护自己、快速突袭、夺取主动的战术目的。

"兵无常势"，没有一种包打百队、万应灵验的战术。要依据彼我双方情况、临场发展变化和该战术在当时的有效性与攻击性，及时恰当地变换战术，不失时机地由一种战术打法过渡到另一种战术打法。

例如，有的运动员不适应接平快飘球，有的运动员则不习惯接大力发球，有的运动员不善于拦拉开扣球，有的运动员害怕从中间被突破，有的运动员某区域拦防薄弱，有的运动员不适应快速进攻，等等。教练员应根据不同情况作相应的部署。总之，一切以时间、地点、人员等情况为转移，做到彼变我变，有时彼不变我亦变，以适应对手的打法，或不被对手所适应，以争得比赛的主动权。

教练员和运动员的聪明才智，不在于懂得灵活使用兵力的重要性，而在于善于按照具体情况灵活地组织力量、灵活地运用战术和灵活地变换战术。这种审时度势、善观风色、善察时变、善择时机的聪明才智，是不容易获得的，唯有在长期的训练和比赛实践中，认真学习，虚心研究，勤于考察，善于思索，不断总结经验，才能逐步获得。

（二）发扬特长

一般来说，每支球队都有自己的技术、战术特长，形成独特的技术、战术风格。技术、战术特长，或技术、战术风格，是一支球队技术、战术成熟的表现，是技术、战术达到较高造诣的标志，是长期刻苦训练的结果。在比赛中充分发挥自己的特长，是争取主动、避免被动的重要方法。主要原因如下：

第一，技术、战术特长往往是球队"克敌制胜"的法宝，是赖以"保存自己"的技术手段，也是对手所顾忌和慑服的武器。如果特长不能得到充分的发挥，怎么去造成优势、夺得主动呢？

第二，事物总是一分为二的。一支球队有一定特长，也必有一定弱点。特长与弱点是对立统一的，同时相辅相成。如果特长充分发挥，其弱点也会得到相应的弥补。例如，发挥了发球和扣球的威力，就会在一定程度上弥补拦网和防守的弱点；队员身材较矮的球队发挥了技术全面、防守突出的特长，就会相应地弥补在网上争夺的短处。反之，如果特长不能充分发挥，不但丢了"克敌制胜"的武器，而且势必扩大弱点，破绽百出，陷入捉襟见肘、穷于应付的困境。发球和扣球的威力不能发挥，拦网、防守的压力必然增加。

排球比赛始终贯穿着发挥与反发挥、制约与反制约的激烈争夺。比赛双方为了力争主动、力避被动，总是一方面要力图充分发挥自己的技术、战术特长，尽量弥补自己的弱点；另一方面又要努力限制对方特长的发挥，扩大对方的弱点。然而，你想要发挥特长是一回事，能否发挥特长却又是另一回事，因为对方总是想方设法限制你发挥。

这里有一个重要问题，即必须创造使自己的特长得以充分发挥的必要条件。1974年10月，在南京举办的全国排球联赛上，江苏女排同上一届全国冠军辽宁女排比赛，第1局因一传受挫未能发挥快速进攻而失利，第2局调整了人员，加强了一传，提高了信心，创造了打快速进攻的先决条件，从而使自己的特长打法得到了发挥而连胜3局，最终3比1胜；但同北京女排对阵时，输了3局，仅一传就失了19分，被破坏进攻10个球，全程只有招架之功，没有还手之力，哪里谈得上什么发挥特长。

总而言之，在比赛中必须树立"以我为主"的思想，坚持自己的打法，充分发挥特长，你打你的长处（并设法限制其长处），我打我的特长（并防止被对手所制约）；如果自己的特长被限制，不能充分发挥，陷入被动不利的困境，就必须全力找出被限制的原因，积极创造使特长得以充分发挥的必要条件，以摆脱被动地位，转化为优势和主动。否则，结局便是失败。

（三）乘人之隙

乘人之隙，就是抓住对手的弱点予以攻击，利用对手的短板，使之难以招架，进退失据。这也是造成优势、夺取主动的重要方法。如同各队都有一定的特长一样，各队也必有一定的弱点，无懈可击的球队是不存在的。因此，在比赛过程中，不但要明于知己，而且要明于知彼，要善于通观彼我双方，发现对手漏洞，乘人之隙，攻其弱点，让对手陷于举止失措的窘境，以夺取优势和主动地位。

抓住对手的弱点予以攻击，往往能限制其特长的充分发挥，使其陷入被动应付的局面。1975年3月，江苏女排迎战了曾经盛极一时的朝鲜"二八"队，技术全面、战术灵活、防守突出，是客队的主要特长，但其弱点是高度较低、拦网较差、网上争夺处于劣势。江苏女排就紧紧抓住朝鲜"二八"队这个弱点，在一传到位、二传保证的条件下，发动猛烈进攻，占据网上优势，夺取主动地位，从而使其特长不能发挥，终以3比1取胜，打出了较好的风格和水平。

由此可见，一支球队的弱点往往隐藏在其特长之中，两者互相依存。对于善打快速进攻的球队，如果破坏其一传的保证，其快攻就失去了基础；对于以防守见长的球队，如果能突破其拦网，其特长必受削弱。而且，当其弱点暴露受到攻击时，其往往会忙于应付，被动招架，而忽视了去发挥自己的特长。因此，乘人之隙，往往会达到既攻其弱点又抑其所长的"一箭双雕"的战术目的。

常常有这样的奇观：在比分频频落后、处境相当不利的情况下，如能发现与抓住对手的弱点，突破一点，先造成局部的优势和主动，进而乘锐进击，扩大战果，就能逐步形成全局的优势和主动，化险为夷，转败为胜。1974年10月，在南京举办的全国排球联赛上，江苏女排对阵上一届全国第3名的天津女排，前两局对方曾先后以12比0、14比7遥遥领先，胜利在望（当时竞赛规则为每局15分制），江苏女排一直打得十分被动。后来根据天津女排战术比较简单、进攻相对集中的弱点，江苏女排加强了发球，并重点拦住其主要进攻队员，局势就开始转变，比分逐渐上升，仅拦网一项就得7分，终以17比15反败为胜，并再连胜两局。但对阵曾经称雄一时的陕西女排时，江苏女排第1局以15比5顺利取胜，第2局开始对方以攻击性发球来突破江苏女排一传之弱点，造成江苏女排阵脚混乱，攻防失措（全场一传丢18分，被破坏进攻6个球），而对方却士气大振，全面发挥，前后比较，判若两队，江苏女排最终以1比3失利。

值得指出的是，攻其弱点、突破一点的作用，不仅表现在技术、战术的直接效果上，而且可能会引起思想情绪上的连锁反应。"三军可夺气，将军可夺心。"当你抓住对手的弱点予以攻击时，往往会造成其信心动摇，部署混乱，阵脚不稳，从而导致其全面溃败，战局逆转。上述战例也说明了这个问题。

（四）固守强攻

主动地位不是空想的，而是具体的。只有在防守的基础上积极主动地组织进攻，才能在比赛中占据优势，争得主动。排球进攻的组织都是在接起对方扣过来、发过来、拦过来或推过来的球的基础上进行的，简言之，都是在防守的基础上进行的。所以说，防守是进攻或反攻的基础，进攻或反攻是防守的继续，也是防守的目的。没有严密的防守，进攻就无从发挥；不主动组织进攻，这种防守的意义就不大。进攻与防守是相互依赖、相辅相成的，攻中有防、防中有攻，一定条件下，攻可以转化为防，防也可以转化为攻。

实践证明，抓好3个"第一下"，对于打好进攻的基础、争取比赛主动权具有重要的意义。这3个"第一下"中的3个指发球、一传、拦网（或拦网失效，即为后排防守），"第一下"就是每个回合开始接触的第一次球。排球竞赛规则规定，一方每个回合最多只能3下击球过网。在这3下击球中，第一下（一传、拦网或防守）是基础，第二下（二传）是保证，第三下（扣球）是关键。发球是进攻的开始，能直接得分，破坏对方战术，动摇其一攻阵脚，并为我方反攻创造有利条件。一传是组织一攻的先决条件，是组成快速多变战术的保证，是阵脚稳定的根本。拦网是防守的第一道防线，是反攻的序幕，也是得分的重要手段。如果拦网失效，后排防守就成为接球的"第一下"，是前沿阵地，是组成反攻的基础。

抓好3个"第一下"的重要意义，一是在于提高士气，稳定阵脚；二是在于能为第二、第三下创造有利条件，成为进攻或反攻的基础。当年广东男排和四川女排常以先声夺人的发球和固若金汤的防守占据优势；辽宁、福建男排常以坚如磐石的拦网争得主动；很多球队都以加强一传的稳定性来巩固自己的阵脚，发展大好形势。

反之，如果第一下失利，固然有时可以通过第二、第三下去弥补（发球失误就无法弥补），但是，常常会造成牵一发而动全身，影响整个回合的优势，乃至影响进攻或反攻的效果。比赛中的混乱局面，往往从第一下开始，以第三下告终，这是屡见不鲜的现象。因此，第一下必须抓好，初战务必打胜，这样才能为夺取比赛主动权创造条件。

然而，抓好了3个"第一下"，取得了初战的胜利，只是具备了掌握比赛主动权的一定条件，还不是完全、最后夺取主动地位。要完全、最后夺取主动地位，还必须同下一步的战术行动有机地联系起来，还必须在打好第一下的基础上，通过第二下（二传）的紧密配合和巧妙组织，不失时机地向对方发起积极主动的进攻，这是战术配合的最后一击，是战术成功的关键。

一切防守或接球的努力，都是围绕着进攻这个中心。进攻是争得分数的主要手段，同时可以"保存自己"，避免失分。某一回合的进攻胜利了，这个回合就有了主动权，整个比赛过程的进攻胜利，整个比赛过程就夺取了主动权。因此，必须在抓好3个"第一下"的前提下，在防守的基础上，通过第二下的密切配合，在第三下积极主动地进攻对方。

第一，要树立敢于进攻的指导思想，加强进攻意识，发扬敢打敢拼的精神，只要有进攻机会，就不失战机，大胆攻击，去争得主动。第二，要使一切防守的技术、战术，都带有强烈的进攻性和明确的目的性，成为辅助进攻或准备转入进攻的一种手段。一传不是消极地接起对方的发球，而是要具有组织进攻的明确目的性；拦网不是被动地去拦阻对方的扣球，而是要积极拦死或把球拦起到便于进行反击的方向，成为组织反攻的序幕；后排防守不是无可奈何地抵挡对方的扣球，而是要有防到位的目的性，制造组织反攻的机会。只有这样，才能够使本来容易陷入被动地位的防守，在被动的形式中具有主动的内容，才能够由形式上的被动阶段转入形式上的主动阶段，才能够在比赛中立于不败之地。

（五）贵在坚持

以上大都是从技术、战术方面来研究怎样努力采取措施、创造条件，去造成比赛中的主动形势的。还有一个十分重要的方面，就是要有正确的思想、良好的作风、坚定的意志和顽强拼搏的精神，才能保证技术、战术的充分发挥，才能创造出占据优势与主动地位的必要条件。

一切技术、战术都是由人去掌握与运用的，而人是有思想意识的。人的一切行动，无不受一定的思想意识所支配。因此，要充分发挥技术、战术，保持优势与主动地位，首先必须明确比赛目的，端正比赛态度，解放思想，敢打敢拼，遇强不惧，逢弱不欺，发扬英勇顽强、团结协作、胜不骄、败不馁等优良作风。在正确的思想和作风的统率下，技术、战术才能发挥强大的威力和作用。

排球比赛对抗激烈，双方在比赛过程中不但要比技术、战术，比身体素质，而且要比思想作风，比意志品质。

比赛过程不会不出现迂回曲折，不会不遇到困难挫折。比赛中一帆风顺，比分一路领先，只有绝对优势的队对阵绝对劣势的队才会出现。旗鼓相当的队之间比赛，总是你追我赶，相持不下，战局犬牙交错，形势复杂纷纭。要懂得这是比赛的正常规律。要正确认识其规律，自觉运用其规律。不要因为比分接近，局势紧张，就张皇失措，无所适从。尤其在比分落后、处境被动的情况下，只有保持高昂的斗志、旺盛的士气、活跃的情绪、顽强的毅力及必胜的信念，才能为化劣势为优势、化被动为主动创造必要的精神条件。任何怯懦的念头、怕输的思想、泄气的情绪，或胆小手软的现象，都会使局势更加被动，增加困难，从而造成"狂澜已至，欲挽无术"的败局。

在处境困难、斗争艰苦的时候，往往是胜利即将到来的时候，可也是最容易动摇的时候，同时是最能考验与锻炼一支球队的时候。

对方十分有利、自己十分困难的情况，通过斗争和努力，转化为对方处境不利、自己反败为胜的战局，或者相反的战例，是不胜枚举的。1976年4月，在昆明举办的全国排球预赛上，江苏女排对阵上海女排，上海女排以2比1的局数领先，第4局又以14比11胜利在望。在这千钧一发之际，江苏女排毫不气馁，奋起直追，反以16比14争得2比2的比局，并取得了决胜局的优势。 1959年刚建队不久的江苏女排同贵州女排比赛，曾以14比0占先，结果连失16分（当时竞赛规则为发球权得分制，每局15分），反胜为败，惋惜万分。在这种情况下，与其说是比技术、战术，不如说是赛思想意志。精神的因素，主观能动性是起了主要作用的。

对方在比分领先的时候，往往会产生急于求成、求胜心切的情绪，如我方能坚持顶住，一拼到底，加上战术运用得当，就有可能激化对方急迫求胜的心理，并导致对方技术、战术处置失当，引起战局逆转。

优势和主动的取得，往往产生于"再坚持一下"的努力之中。这是因为，

"再坚持一下"，就有可能提高信心，激励士气，调动全队积极性；"再坚持一下"，就有可能暴露对方思想上、技术上的弱点，以便捕捉战机，伺机反击；"再坚持一下"，就有可能给自己赢得时间，稳住阵脚，充分发挥特长，正确运用技术、战术；"再坚持一下"，就有可能经过主观能力的活跃，创造一定条件，由劣势和被动转化为优势和主动。

比赛中的每一个球，特别是关键时刻的每一个球，都孕育着胜败的因素，都潜伏着胜败转化的可能。因此，一方面，你在一路领先、处境顺利的时候，只要比赛还未结束，一定要兢兢业业，坚持到底，打到比赛的最后一分；否则，一着不慎，可能导致全盘皆输。另一方面，你在比分落后、处境困难的时候，哪怕是对方比局以2比0领先，或比分以24比0占优势，只要比赛尚未告终，只要还有百分之一的胜利希望，也要全力以赴，咬牙坚持，用百分之百的努力去争取。这种看似没有胜利希望的不懈努力，只要坚持下去，往往就会有胜利的希望；有时这一局虽然没有取得胜利，但却能为下一局的比赛长士气、争主动奠定基础；即使全局未能争得主动和胜利，但对于培养作风、锻炼队伍、增长才干、总结经验也有重要意义。那种领先就松劲、落后就泄气，打胜仗就骄傲、打败仗就消极的作风，不能在比赛中夺取主动和优势，必须加以摒弃。

综上所述，条件造就形势。灵活用兵、发扬特长、乘人之隙、固守强攻和贵在坚持，是造成主动形势的必要条件，是夺取优势地位的重要方法。条件多具备一分，主动和胜利的把握就多一分。这种条件的创造和形势的形成，有赖于在一定客观物质（技术条件）的基础上，充分发挥主观能动性的作用。

比赛双方力量的优劣本身，固然是决定主动或被动的客观基础，但还不是主动或被动的事实，只有经过激烈的对抗与斗争，经过主观能力的竞赛，方能出现事实上的主动或被动。在对抗与斗争中，主观指导（包括指导思想、比赛态度、作风意志、力量组织、技术发挥、战术运用和临场指挥等）的正确或错误，可以化劣势为优势、化被动为主动，或化优势为劣势、化主动为被动。

无数比赛的实践证明，双方力量的优劣、实力的强弱，只是具备了胜负的可能性，其本身并没有分胜负，要实现这种可能性，即分出胜负，还须加上主观的努力，即进行比赛和指导比赛，通过技术、战术的发挥和作风意志的表现，以及比赛中主观能动性的发挥。

由此可知，主动地位和主观能动性，是相互联系而又有区别的两个概念。主动地位是客观的，比赛双方都不愿意处于被动地位，而愿意处于主动地位，但事实上处于哪一种地位，却是由主客观的各种条件决定的。力量上的悬殊、客观上的困难和主观上的错误或消极，会使自己丧失主动地位而陷入被动地位；反之，正确地发挥主观能动性，利用有利条件克服不利条件，采取恰当的措施和方法，也可以使自己摆脱被动地位而转入主动地位。我们只有正确认识与掌握排球运动的规律，在一定客观条件的基础上，充分发挥主观能动作用，调动一切积极因素，多动脑筋，做好工作，少犯错误，才能在比赛中争取主动，避免被动，打出风格，打出水平。

（本文列举了一些比赛战例来说明文中的观点，目的在于探讨问题，总结经验，绝无褒贬之意，敬希见谅。）

第五节　谋划制胜对手策略

教练员除了要在比赛中，力争优势与主动地位，掌握比赛的主动权，还要想方设法去谋划制胜对手的策略，进而达到奠定胜局的目的。

排球的攻防战术，各有其自身的规律性。规律性，就是事物相互联系、相互作用中固有的本性。事物的规律性是客观存在的，不以人们的意志为转移。毛泽东说："客观事物的内部联系，即规律性。"教练员和运动员在长期的排球训练与比赛实践中，要善于研究、探索、发现、掌握与运用其规律性，为训练与比赛实践服务，从而不断提升自己的理论水平与实践能力。

排球的进攻战术阵型有中一二、边一二、后排插上和两次扣球及其转移4种；排球的进攻战术打法有强攻（高球）与快攻（平低球）两大类。后排进攻或立体进攻，是强攻的发展；其他的如近体快、短平快、平拉开、背溜，时间差、位置差、空间差，以及各种交叉跑动等多种多样的打法，则都是快攻的"变种"。

排球的防守战术阵型有心跟进、边跟进和两者混用3种；排球的防守战术变化有一人、二人、三人和无人拦网，或不拦后撤、不拦内撤等。

《孙子兵法》云："声不过五，五声之变，不可胜听也；色不过五，五色之变，不可胜观也；味不过五，五味之变，不可胜尝也。战势不过奇正，奇正之变，不可胜穷也。"排球的攻防战术阵型和战术打法，就是那么几套，但是如何合理组织与巧妙运用，却有一个策略问题。

排球战术的组织与运用策略，主要是指运动员在教练员的正确指挥和全队的密切配合下，根据临场主客观情况的发展变化，而采取的分配球给谁进攻、打什么战术和从哪个位置突破，以及运用相应的防守行动去对抗对方进攻的行动准则。

实践经验表明，排球进攻战术的组织与运用，可以采取下列策略。

一、扬长避短

每一名训练有素的运动员，总会从本队或个人的具体条件和实际情况出发，在实践中逐步形成区别于其他运动员的技术、战术特长。一般地说，在比赛中充分运用技术、战术特长去进攻对手，是发挥风格水平、克敌制胜的有力武器，还可以相应地弥补本队存在的弱点。倘若本队特长受到抑制，不但风格、水平得不到发挥，而且必将暴露弱点、扩大弱点、陷于被动。具有身高与网上优势的球队，总是力求以泰山压顶之势去制胜对手，而避免在速度和灵巧上同对手周旋；身材较矮、技术全面的球队，则力图以迅如疾风的快变战术去制胜对手，而避免在高空上同对手较量。

特长与弱点是对立的统一，两者互相依存、互相制约。作为进攻组织者的二传手，不论场上出现什么困难局面，一定要想方设法坚持发挥全队和个人的特长打法去攻击对手。但若特长被对手所制约，就要全力找出被制约的原因，积极创造使特长得以充分发挥的必要条件，决不能为复杂局面所迷惑，失掉自主能力，随便应付，被对手牵着鼻子走。

抛弃自己的特长打法，就意味着失掉与人斗争的武器，预示着被动与劣势即将降临，这是二传手在组织与运用战术时务必充分注意的。昔日四川女排根据本队的实际情况，在比赛中总是坚持其狠抓发球、快速进攻、灵活善变和打吊结合等特点，这是她们在20世纪80年代保持优异成绩的重要原因之一；中国女排荣登"五连冠"的宝座，同其坚持发挥技术全面、能攻善守、快速多变和高快结合等特长也是分不开的。

发挥特长，应包括发挥全队的和个人的技术、战术特长。个人特长是全队特长的组成部分，只有个人特长得以施展，全队特长才能充分发挥；全队特长是个人特长的有机组合，只有全队特长充分发挥，个人特长的施展才有可靠的保证。例如，只有第一球的个人掩护做到了积极而逼真，才能使全队的跑动进攻战术富有成效；而只有全队集体配合的每个环节都十分紧密精确，才能为最后的个人突破发挥最大的威力。二传手在组织战术中，要充分运用自己的智慧去组织与发挥全队和个人的各种特长。

根据本队运动员平时的水平、临场的发挥、当时的心理状态、对手对其特点的适应程度以及体力等情况，因人给球，能者多攻，也是扬长避短的一种策略方法。由于主客观诸原因，运动员在比赛中的水平发挥往往会出现各种情况：有的队员开局不利，但越打越好；有的队员旗开得胜，但后劲不足；有的队员遇强不惧，越战越勇；有的队员逢弱就欺，轻敌大意；有的队员对甲队浑身是胆，遇乙队却心虚手软；有的队员只能打"顺风球"，有的队员却专开"逆水舟"；等等。二传手应善于察言观色，审时度势，力争把球多传给那些情绪稳定、信心百倍、体力充沛、发挥良好和对手不适应的队员去进攻，以求能有效地突破对方防线。在分配球的问题上，决不能吃"大锅饭"，搞平均主义。

然而，世界上的事情是复杂的，在一种场合和情况下是特长的东西，在另一种场合和情况下则可能变为弱点；而在一种场合和情况下是弱点的东西，在另一种场合和情况下则可能变为特长。过去（"五连冠"时期），中国女排相对于日本女排而言，高度和网上优势是特长，而在速度上则略逊色；但相对于美国女排而言，高度和网上则为短处，而在速度上却占上风。作为二传手应根据不同的对象和情况，采取不同的打法和策略：对日本女排要以高制低，发挥网上优势；对美国女排要以快制高，打他个措手不及。

有时会出现这样的奇观：本队或个人的特长打法虽然得到较好的发挥，但因为被对手所识破和适应，而不能发挥它应有的攻击效能。在这种情况下，如果采用并非本队或个人特长的打法，由于出乎对手意料或为对手所不适应，则往往能够奏效。例如，以高打强攻见长的球队变换为快速打法，把球分配给进攻能力不强、扣球机会不多的队员去进攻，这些常能收到意想不到的效果。按照不同的情况，采取不同的斗争策略与斗争方式，一切以时间、地点、对象和条件为转移，这是在组织与运用战术时，务必时刻牢记的行动准则。

二、避强打弱

如同进攻的一方具有特长和弱点一样，防守的一方也存在着特长和弱点。二传手的职责不但要扬我所长、避我所短，努力运用我方的长处去进攻对手，而且要避其所长、攻其所短，努力采取各种斗争方式去抑制对手的长处，积极寻找对手的弱点予以突破。避强打弱、避实击虚，是组织进攻中常用的有效策略。一般可以采用以下几种斗争方式。

（一）从对方拦网的薄弱区突破

根据事先的了解，把我方进攻的强轮次与对方拦网的弱轮次相对；或有意识地多从对方身材较矮、拦网较差、不善于拦网或不积极拦网的队员头上进行突破；或采用跑动换位的进攻战术，从上述拦网水平差的队员头上强行袭击。这样，往往能收到突破一点，威逼对手，打乱其整体防守部署，影响与带动全局发展的奇效。过去中国女排与美国女排交锋，就常从美国女排的二传手、身高只有1.62米的格林头上进攻；昔日中日女排之战，日本女排身高只有1.59米的二传手小川，也往往成为中国队的众矢之的。

两个拦网者之间的接合部及外侧，也是拦网薄弱的区域。可以多组织2号位、3号位或3号位、4号位之间区域的战术进攻（如短平快、夹塞、背快、交叉等战术）和两翼拉开的进攻。当对方3个拦网者站位密集时，可多打拉开战术；而当其站位分散时，则适当多从中路突破；在对方前排队员匆促换位，立足未稳，尚未从容进行拦网布局时，则应组织快速战术进行突袭。这些都是可以乘虚而入的薄弱环节。

（二）避开对手的高拦网或密集拦网寻隙突破

如遇对方有高度的或密集的拦网者，没有薄弱区域可以攻击，可以采用跑动换位进攻和多变的战术来扰乱其拦网判断，瓦解其拦网配合。20世纪70年代中后期，江苏女排常由两名二传手（孙晋芳和张洁云）从2号位发动进攻，这是该队的特长打法，但同福建女排对阵时，身高1.74米的张洁云面对1.84米的主攻手许秀梅拦网，如果定位进攻，势必碰壁，倘若采用交叉跑动的策略，往往就能甩开许秀梅的拦网，予以突破。中美女排之战，张蓉芳常从2号位跑动至3号位、4号位进攻，可能就是为了避开海曼或克罗克特的高拦网。

（三）掌握与运用扣、拦对抗之际所出现的间隙进行突破

在双方进行网上短兵相接，连续扣、拦对抗之际，前排队员往往会出现一侧人员相对密集，另一侧人员相对稀少的间隙。例如，我方4号位扣球时，由于保护进攻之故，3号位队员一般要偏向4号位，而对方为了组织集体拦网，其2号位、3号位队员必然相对密集，因此，我方的2号位，即对方的4号位就出现了人员相对稀少的空隙（图1）。二传手应善于运用这一规律寻找拦网的薄弱区，来选择进攻的突破口。因此，我方从4号位扣球被拦回再攻时，组织短平快或4号位进攻，容易遇到对方密集拦网，若运用背快、近体快或2号位背溜进攻，则一般只有一人拦网，有利于突破。

反之，我方从2号位扣球被拦回再攻时，组织背快、近体快或2号位进攻，

容易遇到密集拦网，若采取短平快或4号位拉开进攻，则往往能够奏效（图2）。同理，拦防对方从4号位扣球，我方立即组织反击时，采用从2号位或背快、近体快进攻，容易遇到密集拦网，若运用短平快或4号位拉开进攻，则一般只有一人拦网，有利于突破；反之，拦防对方从2号位扣球，我方立即组织反击时，采用从4号位或短平快进攻，容易遇到密集拦网，倘若从2号位或运用背快、近体快进攻，则易于击破。

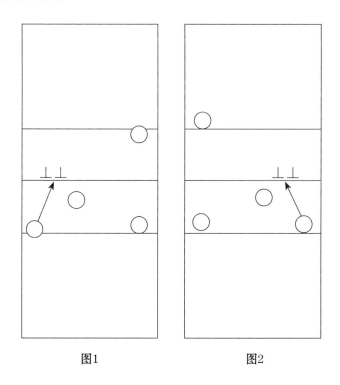

图1　　　　　　　　　　　图2

三、攻其不能

每支球队在长期实践中，形成了各自的战术特点与打法，从防守的角度来说，自然就会产生比较适应于某种特点与打法和比较不适应于某种特点与打法的区别。这是由于某种特点与打法的形成，同该队运动员的身材、素质、训练程度、技术、战术、传统习惯及战术指导思想等因素是密不可分的；而进攻与防守特点的形成，也是相辅相成、互为条件的。一般来说，本队有什么进攻战术，就比较能适应于对该战术的防守；反之，本队对于不熟悉或未掌握的战术，当然就难以防范了。即使自己所具有的打法，也有一个适应与不适应的区别。能够适应于各种特点与打法的球队是少有的，"十八般武艺"样样精通、无懈可击的运动员，也是不多见的。

因此，二传手应善于攻其不能，组织与运用对手所不熟悉、不适应的打法去进攻，而尽量避免采用对手所熟悉和适应的打法，这样才能收到良好的战术效果。亚洲队的快速打法，常使欧美国家一些大型化的球队措手不及，防不胜防；欧美队的高举强攻，也会使亚洲队拦网节奏掌握不准确，并导致后排防守难以招架。这些都是由不熟悉、不适应对手的特点与打法所造成的。

攻其不能，往往可以达到既使对手被动挨打、穷于应付，又能抑制对手的长处、削弱其进攻锐气的"一箭双雕"的战术目的。20世纪70年代中后期，江苏女排经常由两名二传手从对方所不适应的2号位发动进攻，迫使对方不重视、不积极、不善于拦网的主攻手，既要忙于对付我方猝不及防的进攻，又要仓促转入反攻扣球的行动，从而陷入既拦不到网又扣不好球的困境。

有时，对手所不适应的打法，未必就是他的弱点，还可能是他的特长，只因为条件的改变或差异，暂时不能适应使然。在1983年第三届亚洲女排锦标赛上，中国女排出人意料地以0比3输给日本女排，其主要原因之一是，日本女排采用比中国女排速度还快的快速进攻（尽管快速也是中国女排的传统特长），使中国女排队员难以适应。据统计，日本女排在3局中仅从3号位就发动66次各种快攻，其中第一球快攻多达51次。这说明，组织与运用对手所不适应的打法，往往能置人于困境而使其失掉自由和自主的能力。

熟悉或不熟悉，适应或不适应，并非自始至终一成不变，而是因时间、地点、对象和条件的改变而改变的。甲队不熟悉、不适应的打法，乙队可能就熟悉和适应；某队今天不熟悉、不适应的打法，明天可能就会熟悉和适应；甚至于开局不熟悉、不适应的打法，经过一番较量之后，对手就逐步熟悉和适应了。

有时，排球场地周围的空间大小、观众多寡、情绪高低和倾向性等，都会对战术的适应性产生影响。赛场上的对手"一物降一物"的事是常有的。"降"，就是对手不适应的结果。精明干练的二传手必须善于抓住这种战机，运用对手所不适应的各种策略与打法，让对手陷于捉襟见肘的窘境；还要善于随着时间、条件等因素的改变，主动变换自己的策略与打法，相机行事，以变应变，才能立于主动有利的地位。

四、出其不意

利用对手的错觉，组织对手意想不到的战术，采取非常规的打法，是迷惑对手、掩护自己、有效地实现进攻、顺利地进行突破的重要策略。比赛场上，存在彼我双方共同掌握和熟知的攻防规律，如通过3次击球组织进攻、从4号位反攻方便、斜角传球进攻有利等。这些带有规律性的常规打法，进攻的一方，在组织与运用上比较驾轻就熟，防守的一方，从准备防守到实施防守，也能够从容不迫。同时，这容易使所组成的进攻战术的攻击性受到一定的削弱。

因此，为了提高战术的攻击效能，有效地突破对方防线，二传手应善于出其不意，攻其不备，采用对手意想不到的战术去进攻对手，而不要墨守成规，保守求稳，搬用老一套的习惯打法，以便把战术打好用活，使对手感到穷于应对，进退失据。运用出其不意、攻其不备的进攻策略，二传手可以采取以下的方式。

（一）利用二传手的自身掩护

在一传到位的条件下，二传手运用各种娴熟的技巧，二传的假动作或掩护动作，隐蔽我方组织进攻的战术意图，去扰乱或迷惑对手拦网之前的判断，以造成其错觉，达到掩护自己、辅助进攻、有效突破的目的。

（二）运用打破常规的战术

在传稳、传准的基础上，二传手应大胆组织与运用对手始料不及的"反常的""别扭的"战术，使其猝不及防。例如，当一传落点在3米线左右时，二传手一反传给4号位队员强攻的痼习，巧妙地把球传给3号位队员扣远网快球，或背传给2号位队员进攻；当一传落点偏向4号位时，二传手不将球传给4号位队员扣球，而是采用远距离背传的方法传给2号位或3号位队员反手进攻；当一传落点偏向2号位时，二传手则将球远传给4号位队员拉开突破；当一传不到位，组织调整球进攻时，二传手打破传统习惯的斜角传球，而采用直角调整传球（从5号位或1号位传给4号位或2号位）的方式来组织进攻；在密切联系和事先准备的条件下，当一传垫到恰当位置时，二传手不采取3次击球过网，而直接运用两次扣球战术；等等。

（三）利用对手的心理倾向和情绪变化进行偷袭

二传手要善于观风色、察时变，捉摸对方的心理倾向和情绪变化，以便乘人之隙，攻其不备，打对方一个措手不及。例如，在相持或关键时刻，人们组织战术一般都趋于保守求稳，但若能鼓动与催促全队人员积极跑动及时上步，敢于组织快速多变的战术，并造成强大的、高昂的进攻声势，则往往能在心理上压倒对方，使其茫然失措，手脚慌乱；在相持或关键时刻，二传手有把握地把球传给不为对方关注的非主攻手进攻，常能出其不意而奏效；在对手情绪波动、意见分歧、连续失误、注意力分散又有隙可乘的情况下，二传手突然将球吊入对方空当等，都能收到预想的效果。

应当指出的是，采用出其不意、攻其不备的战术时，二传手与进攻手要有密切的联系和较好的默契，才能起到掩护自己、迷惑对方的作用；否则，反而会骗了己方队员，配合失调，甚至造成失误。同时，二传手必须在传稳、传准的基础上运用各种策略与方式，以免弄巧成拙，影响配合，失去进攻的机会。

五、互相牵制

排球的进攻战术，每一个轮次都可以组织几种不同的配套战术。各种进攻配套战术，有其自身的规律与特点，既互相联系、互相依存，又互相牵制。二传手要在进攻手的积极配合下，充分利用各种进攻配套战术的规律与特点，利用各种进攻配套战术既互相依存又互相牵制的功能，以便力求摆脱对手的密集拦网，甚至于避开对手的拦网，达到顺利突破其防线的战术目的。

运用牵制对方拦网的策略和战术有：

（1）运用3号位短平快球与4号位拉开进攻配套战术时，若由4号位拉开扣球，易遇对手密集拦网（因为对方3号位拦网者已向其右侧移动盯住我方3号位队员），此时，若背传给2号位队员，则有利于突破（图3）。

（2）运用3号位近体快球与拉开进攻配套战术时，由两翼实行拉开进攻，因为中间能有效地吸引住对方3号位拦网者，而有利于突破（图4）。

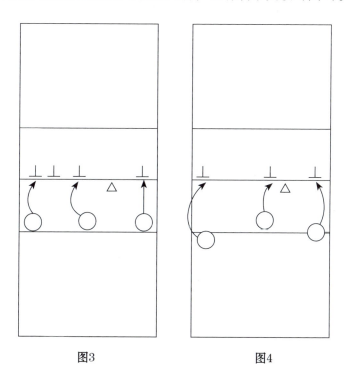

图3　　　　　　　　　　　图4

（3）运用3号位短平快球与4号位插进（"夹塞"战术）进攻配套战术时，因容易造成对方2号位、3号位的拦网者互相干扰与牵制，而有利于突破（图5）。

（4）运用3号位和4号位的双快球（3号位近体快球、4号位短平快球），以及2号位游动进攻配套战术时，由2号位队员折回至2号位扣球或游动至4号位进攻，因对方2号位、3号位的拦网者已被吸引，而有利于突破（图6）。

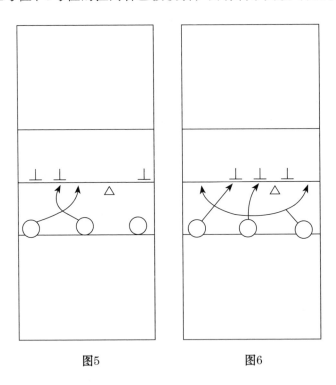

图5 　　　　　　　　　　　图6

（5）运用2号位和3号位的双快球（2号位背快球、3号位近体快球或短平快球），以及4号位游动进攻配套战术时，由4号位队员在4号位定位扣球，或游动至3号位（当3号位队员做短平快球掩护时）或2号位进攻，因对方拦网者的互相干扰与牵制，而有利于突破（图7）。

（6）运用2号位和4号位的双快球，以及3号位游动进攻配套战术时，3号位队员游动至2号位或4号位或折回至3号位进攻，因对方拦网者的互相干扰与牵制，而有利于突破（图8）。

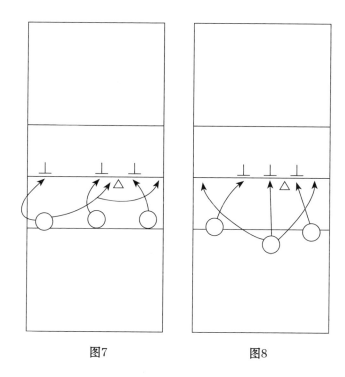

图7　　　　　　　　　　　图8

（7）运用各种跑动交叉的进攻配套战术，也可以造成对方拦网者的相互牵制，而有利于突破，如4号位快球掩护，3号位外绕交叉进攻（图9）；2号位前快球或背快球掩护，3号位背绕交叉至2号位进攻（图10）；3号位近体快球或背快球掩护，2号位跑至3号位交叉进攻（图11）；等等。

（8）在"避强打弱"部分，关于"掌握与运用扣、拦对抗之际出现的间隙进行突破"所列举的各种组织进攻的策略，实际上也是利用对方拦网者的相互干扰与牵制予以攻击。

上述所举的运用牵制对方拦网的策略和战术，都是以第二球突破为例的。这是因为，在一般情况下，第一球进攻，对方大都是由一个人拦网，而第二球进攻，如能摆脱掉对方两人以上的集体拦网，这个战术的组织与运用策略，基本上就是成功的。倘若能造成无人拦阻的"空网"，那当然更属上乘了。

应当强调的是，任何一种进攻配套战术的成功运用，除在一传到位的条件下，二传手要巧妙灵活和准确无误地传好球外，还有赖于每个进攻手按照不同的职责分工（第一球或第二球进入者），积极而及时地跑动、主动而逼真地掩

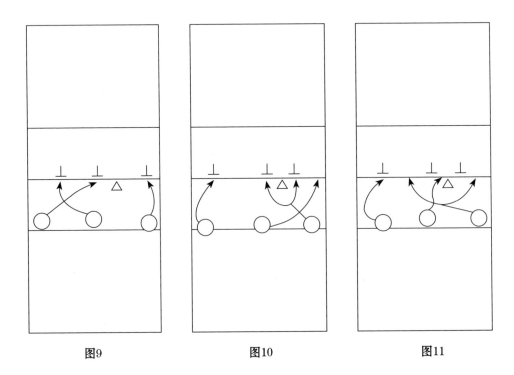

图9   图10   图11

护，加上进攻手与二传手之间的密切配合，才能圆满实现预想的战术，顺利突破对方的防线。任何一个环节的疏漏或失手，都将使战术质量逊色，甚至失败。

六、虚实相间

"以正合，以奇胜。"奇正结合，真假相间，历来是兵家取胜的重要谋略。随着快速多变进攻战术日趋多样化和复杂化，在快攻战术的配合中，一般都有两次进攻的机会，即第一球快攻和在快攻掩护下的第二球突破。"兵者，诡道也。"巧妙地运用第一球快攻和第二球突破，以及它们之间的合理交替，做到真真假假，以假乱真，有虚有实，虚实相间，是有效地迷惑与干扰对方拦网判断、顺利地突破对方防线的重要策略。

采用第一球快攻或第二球突破，不是取决于进攻手本人的主观意愿，而是取决于二传手的判断。二传手要善于综合观察与分析彼我双方的各种情况，并迅速做出正确判断，以便合理组织与巧妙运用两种攻击机会的互相交替。

二传手在组织与运用中，一般应以下列各种主客观因素为转移。

（一）以来球到位与否为转移

当我方一传或防守来球到位时，易于形成战术，以多打第一球快攻为有利，半到位球（离网3米左右）则多打第二球突破，不到位球只能以强攻突破。但也可以打破常规，打半到位球时，大胆运用第一球快攻，到位球则掩护第二球突破，这种战术往往具有更大的突然性和攻击性。

（二）以进攻手实力的强弱为转移

当扣第一球快攻的队员进攻实力雄厚，扣球水平较高时，以多运用第一球快攻为有利；反之，则以多打第二球突破为好。但也有相反的情形，即可以利用对手的麻痹心理和防而不备，把球传给看来实力水平较低的队员进攻，也常能奏效。

（三）以进攻手临场技术发挥情况为转移

当扣第一球快攻的队员临场技术发挥较好时，以多运用第一球快攻为有利；反之，则多采用第二球突破。

（四）以二传手与进攻手之间的配合程度为转移

当第一球的进攻手助跑上步及时、节奏协调、时机准确，以及二传手与进攻手配合默契时，多运用第一球快攻；反之，则采用第二球突破。

（五）以对方的适应程度为转移

当对手不太适应第一球快攻战术时，以多打第一球快攻为有利；反之，则采用第二球突破。

（六）以对方的防备情况为转移

当对手对第一球快攻的拦防准备不足，或前排队员忙于换位、立足未稳时，以多打第一球快攻为有利；反之，则采用第二球突破。

（七）以对方的拦网态势为转移

当我方第一球的进攻手相对区域的对方拦网者身材较矮、拦网技术较差或不积极拦网时，多以第一球快攻击之；反之，则以第二球去突破。

（八）以对方整个拦网布局为转移

当对方三人拦网取位比较分散时，可多以第一球快攻从中路或接合部突破；倘若对方拦网取位比较密集，则可采用快攻掩护下的第二球突破。

（九）以对方的心理倾向为转移

当我方连续以第一球快攻得利时，对方心理上势必注意与重视我方第一球快攻，此时，若以第二球突破，常能奏效；而当我方第一球快攻连续不得手时，对方可能转为防备我方第二球突破，此时，倘仍再以第一球连续攻之，常出乎对手意料而得利。

（十）以双方比赛形势为转移

在双方战局相持和关键时刻，或在我方比分落后时，二传手常以保守求稳、多打快攻掩护下的第二球突破为多；倘若在此时，能打破条条框框，解除思想束缚，放得开，拼得出，大胆运用第一球快攻猛烈出击，则往往能收到扭转战局的奇效。

兵以诈立。合理组织与巧妙运用第一球快攻和第二球突破的相互交替，不只是赛技术、战术，而且是斗智慧、谋略。尽管这种智慧与谋略的斗争，带有某种程度的概率性、模糊性和不确定性，但是通过反复实践与不断总结，却能呈现出一种严格的非偶然的规律性。用这种规律性来指导我们的训练与比赛，就可以进一步提高训练水平和战术水平。

七、善择时机

众所周知，排球进攻战术的形成，必须在9米宽的球网上空，采用不多于3次击球过网（拦网触手除外），这就使战术的组织与运用受到一定的时间和空间的限制，从而给灵活组织与运用战术带来了一定的难度。

从另一方面讲，排球的进攻战术阵型和战术打法，就那么几套，要学会与练好各种进攻战术阵型和战术打法，是比较容易做到的，而要灵活地运用与变换这些战术，就不那么容易了。这里有一个如何正确而合理地组织、运用与变换战术的问题。

常言道：兵无常势，水无常形。从来没有一种包打百队、万应灵验的战术，也不会有一个永远一击即溃的进攻突破点，更不会有从不怯场、百战百胜的常胜将军。跑动换位和立体进攻是当代最时髦的战术，有时也难免受阻；从2号位进攻被认为是容易突破的薄弱区，有时也会碰壁；郎平、海曼、路易斯等曾是世界上最优秀的攻击手，有时也难免失手。

因此，二传手的聪明智慧在于善观风色、能察时变、善择时机、知人善任，能够依据彼我双方的情况、临场的发展变化和该战术在当时的攻击性与有效性，以及我方队员水平发挥的情况，及时恰当地加以组织与运用，并善于不失时机地由一种战术打法过渡到另一种战术打法，由某个突破点变换到另一个突破点，由给某一队员进攻转移到给另一队员进攻，做到彼变我变，以变应变，有时彼不变我亦变，以适应对手的打法或不被对手所适应。

从进攻的组织与运用策略上来看，所谓善择时机、灵活用兵，主要表现在人员上、打法上和位置上的集中、分散及转移进攻。

在人员上，时而把球相对集中地传给某队员去重点突破，时而适当分散给全队人员而全面进攻，以及重点突破与全面进攻的互相转移。

在打法上，时而重点采用某种对手所不适应的打法去进攻，时而又变换另一种新的打法去突破，以及诸种打法的互相变化。

在位置上，时而集中火力从对方某一区域进攻，时而又分散火力从各个位置发动攻击，以及集中进攻与分散攻击的互相转移。

一般在下列情况下，可以采用集中进攻的策略：

（1）扣球者有较突出的进攻威力时。

（2）扣球者信心百倍、体力充沛、发挥良好时。

（3）我方其他位置上扣球者的进攻力比较薄弱时。

（4）该战术在当时的实效性强、攻击性大并为对手所不适应时。

（5）该位置对手的拦网比较薄弱时。

（6）为了限制与削弱对方相应位置上的队员的进攻威力（如为了限制其4号位主攻手的进攻，而从我方2号位突破），或为了限制与削弱其防反能力时（如为了削弱其二传手行进插上组织进攻），而集中进攻其1号位。

（7）在决定胜负的关键时刻，把球相对集中地给某队员、从某区域或采用某种打法去突破时。

一般在下列情况下，可以采用分散攻击的策略：

（1）全队人员具有普遍的、较高的进攻水平时。

（2）对方重点部署拦阻我方的主要进攻手时。

（3）为了积蓄力量、保持体力、准备持久战斗，或为缓和主攻手的体力消耗时。

（4）试图摸清对手对我方各种战术打法的适应程度，进行火力侦察时。

（5）意在迷惑、调动与钳制对方，转移其注意力，以便待机转为集中进攻时。

（6）情况不明，打遭遇战时。

（7）比赛开局，进行试探性进攻时。

一般在下列情况下，应采用转移突破的策略：

（1）我方主要扣球者被对手盯住、遭遇密集拦网时。

（2）扣球者发挥不好、情绪不稳或体力不支时。

（3）该战术的攻击效能不强，或为对手所适应时。

（4）该位置进攻不力，频频被拦阻时。

（5）有意迷惑与调动对方，主动变换战术或转移突破时。

在人员上、打法上和位置上的集中、分散及转移进攻，是合理组织与正确运用战术的策略方法，是灵活用兵的重要谋略。二传手要在长期的训练与比赛实践中，在教练员的指导下，努力学习理论、刻苦钻研技术、认真总结经验、提高战术素养，逐步成为多谋善断、智勇双全、能驾驭全局的进攻组织者，从而不断提高全队进攻战术的组织水平和运用能力。

综上所述，"谋划制胜对手策略"，就是以本队的体能、技术、战术实力为舞台，充分发挥主观能动作用，运用集体战术配合行动，或采取个人技术行为，去与对手斗技、斗智、斗勇、斗法的策略方法。

不言而喻，做人要老实，但打球要"狡诈"；做事要讲诚信，但比赛要会迷惑对手。正如孙子所说："兵者，诡道也。"

然而，不知何故，始自何时，有些运动员，自恃身材高、大、强，喜欢"秀肌肉"，热衷于拼气力，盲目追随具有先天体能优势的国外打法，而忽视甚至无视运用具有中国优良传统特点的战术与技巧，因而不善于在对抗中玩心计、施谋略、巧周旋、搞诡诈。

譬如，二传手的传球隐蔽性较差，少有迷惑人的假动作，职能过于专一，不善猝然运用两次扣球及转移技术；进攻手过分相信与依靠高度和力量，忽视自我掩护动作和技巧、智谋的施展。总之，其技术行动大都是在毫无掩饰之下进行的，缺乏突然性、隐蔽性和欺诈性，因而不能有效地迷惑与干扰对方拦网与防守的判断，为顺利突破其防线创造有利条件。

历史的经验值得借鉴。我国素有优良二传技术的好传统，传球技巧有其独到之处，临场运用具有神妙之功，早在20世纪50年代就被外国人誉为"杂技般的技术""猜不着的传球"；有多名运动员先后在国际大赛中被评为最佳二传手。我国排球个人进攻技巧在20世纪70年代后期曾享誉排坛，风靡全球，时间差、位置差、空间差等打法显赫一时，为外国运动员所望尘莫及。这些优良的技术传统，应当加以发扬光大，不断发展，而不是广陵散绝，失传断档。

如前所述，二传手运用眼神的吸引、身体的掩护和手法的变化，以及利用对手的心理特点和对比赛规律的掌握，可以迷惑、牵制甚至摆脱拦网者，使二传技术具有进攻因素，为扣球者创造突破的便利条件。扣球者运用在助跑起跳过程中和在腾空中的时空变化，以及在击球手法上的路线、落点的变化，加上同伴的密切配合，可以诱使对手上当受骗，为自己创造顺利突破的机会。

这种经典的技术诡诈行动，是技术成熟老到的彰显、战术运用灵活的标志、比赛经验升华的表现，是实施以巧制胜、夺取主动地位的手段，也是传承优良传统文化、不断技术革新、推进可持续发展的途径。我们要通过长期艰苦的训练，精雕细刻这些技巧性强、实效性好的技术，形成自己的技术特长，而不满足于或止步于大众化的、粗放化的技术。

毋庸讳言，由于人种、体质的原因，我国排球运动员的进攻实力不如欧美国家排球运动员，但可以另辟蹊径，挖掘潜力，扬我所长，避我所短，你打你的优势，我打我的特长。而且，这些技巧和特长，不受人种因素影响。因此，力不如人的强攻，仍应努力弥补，人不如我的技巧，必须不断加强，那些不受人种制约的技术（一传、二传、防守、小球等），务必领先对手。这种"田忌赛马"式的策略，或许也是战胜强手的重要方式之一。

需要强调两点：①任何战术的运用，必须建立在扎实基本功和全面熟练技术的基础上，切勿车置马前，本末倒置；②任何战术的运用，必须从本队实际情况、对方具体特点和临场发展变化出发，切勿邯郸学步，生搬硬套。

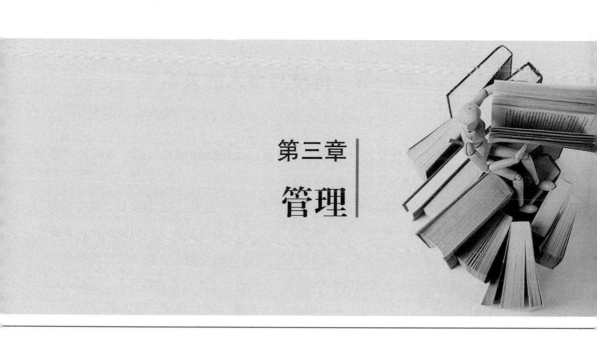

第三章

管理

什么叫管理？广义地说，管理就是管事理人，或是管辖治理的意思。管理者通过组织、领导、计划、控制等职能来协调相关人员的行动，以实现某种既定目标。如此说来，排球运动员的选材、训练、比赛、学习、生活、行政、后勤等工作，都可以涵盖在管理的范畴之内。

然而，本章讨论的管理，是狭义的，主要涉及教练员与运动员在训练、比赛的实践中，如何正确认识与处理诸多关系，以实现提高水平、赛好成绩、培育人才、积累经验，为国家和社会做贡献的目标。

第一节　传技与育人的关系

教练员肩负的责任是传技、育人。传技，是传授知识和技能。育人，是培养道德品质。两者互为条件，密不可分。

习近平总书记在同北京师范大学师生代表座谈时强调："教师重要，就在于教师的工作是塑造灵魂、塑造生命、塑造人的工作。"教练员的工作对象是正在长身体、长知识、长技能的运动员，是有思想、有意识的年轻人。教练员在传授技能的过程中，纯粹传授业务技术是不存在的，总会自觉或不自觉地教育人、塑造人。

对抗性的球类运动项目，不仅要涉及人与球、人与技术、人与物（场地、器材等）的关系，还要涉及人与人、人与社会（队友、对手、裁判员、观众、媒体等）的关系。而且，教练员自身的思想观念、道德作风、知识经验等，在教学过程中必然会对运动员产生耳濡目染的影响。因此，传技与育人是紧密联系、不可分离的。

对教练员而言，"师者，所以传道受业解惑也"（唐代韩愈《师说》）。教练员首先要传授道德观念，做好思想工作，教育运动员学做人、做好人，树立正确人生观、世界观和社会主义核心价值观。

运动员在日常的训练、比赛、学习和生活中，在人与人的交往中，不可避免地会产生各种矛盾和问题。教练员要明察秋毫，善解人意，及时发现问题、细心分析问题、正确解决问题，把做人的思想工作融入日常业务、工作中去。正如中国女排"三连冠"主教练袁伟民在其《我的执教之道》一书中指出的："最有成效的思想工作是渗透在业务中的思想工作。主教练必须学会在训练中发现思想问题，在训练中解决思想问题，做到抓思想工作与抓训练同步，只有这样，才能保证训练按既定要求顺利进行。从而既练了思想，又练了技术、战术。"

教练员要传授排球专业的各种体能、技能、智能和理论知识，使运动员不断提高身体素质与技术水平，以适应任务的需要；同时，在此过程中，教练员要运用自身的知识与经验，帮助运动员解除困惑，探索未知，精雕细刻，攀登技术高峰。总之，教练员只有把传道、授业、解惑三者密切结合，才能培养出品德优良、技术高超的运动员。

对运动员而言，做事先做人，学技先树人。尤其是尖子队员和球星，属于公众人物，经常要驰骋赛场，经历风浪，直面观众，接触球迷，涉足媒体。他们的精湛技艺、健美体形、良好道德情操和精神风貌，是一种无形的榜样力量，能对社会产生正能量的影响作用。

在观念多元、物欲横流、诱惑万千的环境下，运动员尤其是公众人物，更应自尊、自爱、自重、自律，独善其身，洁身自好，"出淤泥而不染，濯清涟而不妖"，永远保持正能量的本色。

不言而喻，由于天赋、体态、机能、机遇或努力程度等因素，不可能每名运动员都能成为尖子队员或球星。教练员的使命，是在运动员的积极配合下，把每个人都培养成为有理想、有道德、有文化、守纪律、爱祖国、有益于人民的有用人才。

第二节 言传与身教的关系

教练员在传技与育人的过程中，通常是以言传和身教两种形式去实现的。

言传（也称言教），就是讲课说教，以语言、道理去教育人、说服人；身教，就是亲身示范，以身作则，用自己的行为带动人，用自己的举止感染人，用自己的表现启迪人。

教练员是运动员的引路人，是打造其技术形象和品德风貌的工程师。教练员要充分认识到自己的使命光荣，责任重大。言教不可缺少，身教重于言教，这是教育工作的重要原则。

因此，教练员在传授技能过程中，要做好动作示范，正确讲解要领，准确分析技术，抓住技术关键，使运动员形成正确的动作概念，并通过对运动员进行反复系统的训练，使运动员逐步建立条件反射，不断提升运动技术水平。

"学为人师，行为世范。"教练员在言传与身教过程中，对运动员进行语言说教，提出各种严格要求是必要的；但更重要的是以"身教"的魅力，从言行到举止，从心灵到表现，都要为人师表，严于律己，时时、事事、处处做运动员的表率，要求运动员做到的，自己要做得更好。"其身正，不令而行；其身不正，虽令不从。"（《论语·子路》）教练员权威的确立，不是靠自封，而是靠行动；不是靠吆喝发威，而是靠人心向背。

"近朱者赤，近墨者黑。"运动员总是唯教练员马首是瞻，对其十分尊崇与敬畏，教练员往往是运动员仿效的偶像。教练员与运动员长期朝夕相处，一起训练、比赛、学习和生活，少则几年，多则十几年，甚至胜过兄弟姐妹和学校师生的关系。德国人坚信一个理念："良好的品德是被感染的，而不是被教导的。"不难理解，教练员的言行举止，以及技能知识、文明礼貌、品德作风甚至生活习惯等，对运动员的成长必将产生潜移默化的作用。

"师高弟子强""强将手下无弱兵"，或"兵熊熊一个，将熊熊一窝""一帅无能，累死千军"等格言，从正、反两面诠释为师为帅的重要作用。为此，教练员应深刻意识到自己的责任与担当所在，不断加强道德修养，努力提高业务能力，为运动员树立良好形象，并带领大家共同完成好各项任务。

第三节 教育与学习的关系

教育与学习，是实现传技与育人目标的主要方式，是提高运动员道德素质、训练水平和技术水平的重要途径。

对初出茅庐或较低水平的运动员而言，传统的教学方式是我教你学，我说你做，我示范你模仿，我要求你做到，甚至是手把手地教；教练员的主导作用强势，运动员的积极性、主动性和创造性相对弱化。因此，要求教练员有丰富的理论知识、较高的技术能力和较好的教学经验，所谓"队员一碗水，教练一桶水"；同时要求运动员认真求教，勤学苦练，听从教练员指挥，共同完成教学任务。

然而，对训练有素或较高水平的运动员而言，由于其技术水平与实践经验日益提高，甚至在某些方面超过教练员，传统的教学模式显然不能完全适用。教练员与运动员之间的教学活动，更多的是交流与互动，切磋与探讨。教练员的主导作用依然存在，但其运作方式不同，运动员的主体功能更加强化，其积极性、主动性和创造性得到充分调动与发挥。教练员的指挥方式主要是启发性的指点、针对性的提示、诱导性的提问、指导性的思考等。

当今，互联网的普及，新媒体的传播，使运动员接触各种信息资讯的渠道更加宽广，他们的视野与知识，同过去相对封闭环境下成长的运动员，不可同日而语，甚至在某些方面领先于教练员。因此，新形势下的教学活动，教练员要紧跟新时代，拓宽新思路，增添新内容，运用新方法，不断改革创新，而不故步自封，墨守成规，这样才能适应变化的实际情况。"以其昏昏，使人昭昭"，是不可取的。

教练员在实践中要善于观察、发现与挖掘运动员的特点与长处，哪怕是偶然出现的端倪，都应敏锐察觉，及时给予肯定与表扬，或请其为大家示范，或进行总结升华，在全队推广运用。这既可调动运动员的积极性，又能促进全队水平的提升。

"师父领进门，修行在个人。"运动员要在教练员的指导下，开动脑筋，独立思考，精益求精，探索技术奥秘，更上一层楼。教练员与运动员之间，要教学相长，优势互补，师徒共赢，以形成"长江后浪推前浪"的局面，共同为实现全队目标做出贡献。

"青，取之于蓝，而青于蓝；冰，水为之，而寒于水"（《劝学》），这是历史发展的规律，是时代进步的象征。徒弟胜过师父，自古有之。千百年前韩愈说过："弟子不必不如师，师不必贤于弟子。"因此，一方面，教练员要有知人之智。闻道有先后，术业有专攻，各人有所长，要用"显微镜"去发现运动员的聪明才智，并热心帮助、鼓励和乐见徒弟超越师父。另一方面，教练员更要有自知之明。"最困难的事情就是认识自己。"教练员是人，不是神，而人无完人。只有努力学习、奋勇前进、与时俱进、砥砺前行的人，才能跟上时代步伐，融入澎湃浪潮。

第四节　严格与爱护的关系

从严治队，爱兵如子（女），是教练员带好队伍的天职。正确认识与处理好治队与爱兵、严格与爱护的关系，对于融洽师徒关系、凝聚全队力量、建设球队，具有重要的现实意义和深远的战略意义。

"严师出高徒""玉不琢，不成器；人不学，不知义"说的就是人要经过严格教养和艰苦磨炼，才能成为有益于国家和社会的人才。教练员要带好一支球队，就必须严格训练、严格要求、严格管理。松松垮垮的人不可能练出本领，一盘散沙的球队不会形成战斗力。当然，缺乏爱心的带兵人，也难以凝聚人心，取信于人。

一、严要以人为本

"严出于爱，爱寓于严"，是严与爱的真谛。因爱而严，严为了爱，是从严治队的出发点与归宿。马克思指出："我们的出发点是从事实际活动的人。"关爱运动员命运，期待运动员成才，是每名教练员毕生的心愿。望"徒"成龙、成凤，教练员就必须在各方面对运动员提出严格要求；而除严格要求运动员，鞭策运动员进步，磨炼运动员意志，给运动员出难题外，教练员更应该发自内心地尊重与爱护运动员。

二、严要与爱统一

教练员要严字当头，爱在其中；严在脸上，爱在心上；严在行为上，爱在情感上，把严与爱统一起来。教练员与运动员同呼吸、共命运，是休戚与共的利益共同体，教练员没有理由不关心爱护自己的兵。训练中摸爬滚打，比赛中奋不顾身，赛场上冲锋陷阵，冲在前边的是运动员；而训练中呕心沥血，比赛中运筹帷幄，担当责任的是教练员。拿破仑曾慨叹说：如果我的背后没有几十万士兵，我早就成为敌人的俘虏了。这句话，很值得玩味。运动员需要教练员的教诲与指导，教练员离不开运动员的维护与支持，双方是风雨同舟的统一体。

三、严要在要害上

从严治队，要严在日常的技术要求、动作规范、训练作风、比赛作风、文明礼貌、品德修养、遵纪守法等方面，这才是严到点子上。教练员无论在业务技术还是道德作风等方面，都要做深入、细致、耐心的工作，久久为功，方能见效；而不是板着面孔，动辄训斥，吹胡子瞪眼，甚至讽刺挖苦队员，从而引起双方情绪对立。

四、严要合理可行

在训练要求上，从严要合乎比赛规律，顺应实战需要；在训练难度上，从严要经过最大努力，切实可以做到；在作风纪律上，从严要言之有理，以理服人，以情感人，以德示人。从严不是"一朝权在手，便把令来行"，随心所欲，提一些不合实际的要求，使运动员感到无可奈何或无所适从。

五、严要规范行事

"不以规矩，不能成方圆"，教练员要根据全队具体情况，通过民主讨论制定各种规章制度和纪律要求，使全队人员的训练、比赛、学习和生活等方面有章可循。教练员还要加强法治意识，自觉地学法、懂法、守法、用法，以维护法律法规的权威，保护自己的权益。教练员应以上率下，做好榜样，这样才能服众。嘴上一大套、行动不对号的人，是不会有权威的。

六、严要一视同仁

从严治队，没有身份差别，不能特殊例外；无论年龄大小、资历深浅、技术高低、名气大小，大家同等要求，无一例外。这既体现了公平正义，也衡量了管理者的魄力与水平，更会对良好队风的形成产生重要影响。从严治队，不能厚此薄彼、欺弱怕强，不能只适用于新队员或技术差的队员。尖子队员或球星，值得全队尊敬与爱护，管理者对其应有更高的要求与期待，绝不可哄、捧、宠、纵。有警言说："严是爱，松是害，不闻不问会变坏。"捧杀与棒杀，都会误人子弟，而且前者的杀伤力比后者更甚，因为它是在令人陶醉的甜蜜中进行的。这是值得警惕与防范的。

第五节　技能与智能的关系

排球运动员对任何一项技术的正确掌握与合理运用，都离不开脚步、手法、躯干（腰腹）、视野和意识（思维）等多维一体的协调配合与良好发挥。在运动员掌握与运用各项技术的过程中，脚步是击球行动的前提，手法是完成技术的关键，躯干是协调全身的枢纽，视野是临场判断的依据，意识是运用技术的灵魂。只有脚、手、腰、眼、脑这几方面的行动配合密切，才称得上比较完美的技术。

然而，在实际的训练与比赛中，视野和意识，这两个贯穿所有技术行动全过程的要素，往往被忽略甚至摈弃；有些运动员只知动手动脚，不会用眼用脑。这些严重影响运动员对技术的正确掌握与合理运用，严重妨碍运动员的成长过程，值得教练员和运动员高度重视。

运动员不仅要练体能、练技能、练手脚，还要练思维、练智慧；教练员不但要传授技艺，而且要教授做人。而智慧与品德等软实力，对运动员的培育与成长有不可低估的重要意义。因此，教练员在训练中不仅要教会运动员用手脚打球，还要教会运动员用眼睛观察彼我双方的人员动态，更要用大脑去思考打球的门道、取胜的谋略，做到手脑并用，练想结合，开发脑洞，刻苦钻研，充分发挥"第二信号系统"在掌握与运用技术中的作用。

重视业务学习、认真总结经验、加强理论研究，对于丰富运动员知识、提高运动员技术水平、让运动员学会用脑打球具有深远意义。历史经验表明，实践产生真知，理论指导行动。技术要想进步，理论必须前行。理论繁荣，催生技术发展；理论贫乏，导致技术滞后。正确的训练理论引导正确的技术行动。理论导向错误，必将引发技术倒退。

爱因斯坦说："用专业知识教育人是不够的。通过专业教育，他可以成为一种有用的机器，但是不能成为一个和谐发展的人。"教练员除了要教会运动员运动技能和专业知识，还要创造条件引导其学习科学文化知识，提升科学文化水平，加强道德品质修养。运动员要抓紧时间，积极进取，好学不倦，多读书、读好书，成为全面发展的人，而不仅仅是一种"打球机器"。

运动员的成才，同教练员识才、育才和用才的能力与水平息息相关。因此，教练员更需努力深造，率先垂范，身体力行，不断优化自己的执教能力与水平。

当然，机遇有时也是运动员成才的一个因素。但是运动员首先必须是"千里马"，教练员才有机会慧眼识才，精心育才，放手用才。

第六节　全面与特长的关系

全面指的是技术全面，攻防均衡；特长指的是身怀绝技，拥有专长。全面是技术扎实的基础，是运动员必备的本领；特长是锦上添花，是技术达到较高造诣的标志。在技术全面的基础上，人有特长，掌握绝招，拥有特技，应是排球运动员的培养目标。然而，十八般武艺样样精通的"万金油"式的全面，虽有时可用，但难有成效，少见奇功；而程咬金"三板斧"式的专长，虽时而有用，但缺少底气，没有后劲。只有技术全面兼具特长的运动员，才进可以攻，退可以守，攻有章法，守有策略，才能将自己立于不败之地。

技术全面，是排球运动的特点，是当代排球技术、战术的发展趋势，是我国几代排球人的经验总结。无论竞赛规则如何修改，运动员身材怎样增高，技术全面都是培养、训练运动员（自由人除外）的永恒主题。有关这个观点，前文已有论述，不再重复，这里着重谈谈特长问题。

一、突出特长的意义

特长，或称特色、特征、特点，是指全队或运动员个人擅长的技能、突出的风格、与众不同的打法、出奇制胜的绝招。

技术特长是技术掌握比较成熟和完善的表现，是技术达到较高造诣的标志，是超人出众的技术优势，是克敌制胜的有力武器。

提倡技术全面，攻防均衡，不是要求运动员十八般武艺样样精通，而是要求运动员在技术全面的基础上，培养、形成与彰显个人和全队的技术特长和战术风格。

倘若有全面技术，而无特长，在比赛中就不足以威慑对手，置对手于绝境，就不能掌握比赛主动权；而有特长，却无全面技术，则容易授人以"隙"，或不战自乱，也难以取得优势地位。只有既掌握全面技术，又拥有某种特长，才能攻人之短，防人之长，并战而胜之。

排球历史已经证明，那些战功赫赫的球队和功勋卓著的运动员，无不是技术全面、身怀绝技的佼佼者。古今中外，举不胜举。

二、要善于发现特长

国人常说，欧美排球运动员拥有人种和体能优势。在高度和力量上，我们总有一种自愧不如的自卑感。

我认为大可不必。人种不能克隆，体能不可移植，事实无法改变。但你有你的优势，我有我的特长，我们也有身体素质上的优势，那就是灵敏、快速、柔韧和协调等，这是欧美多数排球运动员所望尘莫及的。

高度无疑是当代排球重要发展趋势之一，不容忽视。缺乏高度，必将被动挨打。然而，高度本身不能决定胜负，只有加上精湛技术，才能发挥强大威力。

国际排联的资料表明，历史上夺得历届三大赛冠军者，除1996年亚特兰大奥运会排球赛冠军是身材最高的荷兰男排外，大都不是身材最高的。比如，中国女排、日本女排、古巴女排和巴西女排，俄罗斯男排、美国男排、意大利男排和巴西男排，当时夺冠都不是身材最高的，当然也不是最矮的。

中国男、女排现役队员的身高和弹跳力，堪称世界水平。各省青年队的身材高大者，俯拾皆是，高度现在已不是我们排球运动问题的症结所在。此外，我们快攻战术体系的先进性和有效性，虽然不敢妄自尊大，但却值得自信和自豪。而技术是战术的基础，没有全面扎实的技术做基础，一切战术体系都将形同虚设，空有其表。

因此，可以认为，我们缺少的不是高度，也不是战术，而是高超的技术能力，以及作为它的生理基础的体能。而高超技能和良好体能的获得，只有依靠正确的训练理念（指导思想）和科学的训练实践去实现，舍此别无他途。

三、培养与形成特长的规律

运动员特长的培养与形成，有以下几条可以遵循的规律：

（1）特长的培养与形成，要以技术全面提高、攻防协调发展为前提。否则，所谓的特长，就是无源之水、无本之木，缺少生命潜力和发展空间。

（2）特长的培养与形成，要从本国、本队和个人的实际情况与具体条件出发，因材施教，因人而异；而不要东施效颦，或削足适履。

（3）特长的培养与形成，要首先注重扬我所长，同时补我所短；而不要只顾补短，忽视扬长，或只抓强项，不管弱项。

（4）特长的培养与形成，要在技术、战术训练的过程中，同时贯穿与渗透战术意识、心理素质、作风、意志以及智慧、谋略等的培养与训练；而不要只抓物质，不抓精神，迷信硬实力，轻视软实力。

（5）特长的培养与形成，不仅要体现在技术、战术上，也要反映在身体素质上，不仅要注重进攻性的技术、战术，也要重视防守性的技术、战术；而不要厚此薄彼，或顾此失彼。

（6）特长的培养与形成，既要认真总结自己的经验，光大优良的技术传统，也要根据形势的变化、技术的发展，与时俱进，不断创新，博采众长，为我所用；不要因循守旧，墨守成规，也不要夜郎自大，或自惭形秽。

复杂源于简单，高深源于浅近。中国排球要重新崛起，再创辉煌，从训练层面上讲，需要从最基础、最现实的训练实践中逐步去求索与实现。

第七节　主力与替补的关系

注重后备人才培养，搞好新老交替，是一支球队保持水平稳定、成绩常在、人才辈出、长盛不衰的保证。

一支球队的实力，不但要看其当前水平，而且要视其后备人才潜力。一支球队的人员组成，一般呈现出不同层次的年龄结构，不同水平的技术能力。相同年龄和水平的组合是少有的，这个客观现实，要求教练员对球队的以老带新、新老交替做好统筹安排和长远规划。

就一支球队而言，在阵容结构上，既要有一个实力雄厚的主力阵容，又要保持一支人数相当、分工对应、水平相近的替补力量，并有几名技术全面、特长突出的技术能手，以便在训练中树立强大对立面，在比赛时手上有精锐，心里不惊慌。强队更要拥有几名令对手望而生畏的技术尖子，以及能使全队抱团取暖的骨干力量。

教练员在日常训练活动中，要有意识地培养几名品、技兼优的队员成为尖子和骨干队员。这些尖子和骨干队员，一般都是主力队员，是在训练中迎难而上、激励斗志的鼓动者；在比赛顺境中冲锋陷阵的急先锋，逆境中坚守阵地的中流砥柱；在生活中维护正常秩序的大管家，帮助队员排忧解难的"大哥大"；树立良好队风、彰显凛然正气的好榜样。这些尖子和骨干队员，是队里的"关键少数"，有时可以起到领队和教练员不可替代的作用。袁伟民指出："尖子是磨出来的……要靠教练员悉心培养。这就要求教练员从技术到思想倍加严格要求。"诚然，尖子和骨干队员不能靠"敕封"，而是在长期实践中，认真培育，着力磨炼，积以时日，才能培养出来的。

替补队员是队里不容忽视的"另一半"，平时是主力队员训练的对立面和"假想敌"，赛时有可能是出奇制胜的"突击队"。毋庸讳言，在赛事增多和求胜心切的情势下，多数替补队员少有上场锻炼的机会。倘若不争分夺秒、见缝插针地抓紧训练，赛前跑龙套，赛中轻活动，赛后就休息，技术与体能必降无疑。赛事越多，损害越大，全队总体实力的提高也将受到影响。

因此，教练员平时要重视替补队员的培养与训练，不要左支右绌，顾此失彼，只抓主力，忽视替补。在赛期，教练员要腾出时间，抓紧安排替补队员的训练。在比赛人员使用上，教练员既要充分发挥主力队员的积极作用，又要大胆培养新生力量，敢于让替补队员去经风雨、见世面、显身手；或让有特长的新队员打头阵，用有经验的老队员做后盾，以此扩大全队可战斗人员，增强整体实力。拥有雄厚替补力量的球队，可以组成两套阵容，形成不同特点，根据不同对手，组织不同力量，运用不同战术，在比赛中争取更大的主动性。

新老交替是运动队的必然规律。教练员在用人问题上，要高瞻远瞩，深谋远虑，对主力与替补队员的使用，新老队员的交替，要未雨绸缪，尽早合理谋划，不要等主力老队员"江郎才尽"，"油水"榨干，才考虑换人接班。在用人的实施步骤上，教练员应采用主力阵容逐步更新、替补队员择机使用，年年渐进、岁岁替换的策略；每年更替一两名主力队员，并将原来主力队员变为坚强替补队员，而不是大进大退，另起锅灶，重新搭班。这样，队伍才能永远保持水平稳定、实力不减、经久不衰的势头。在这个问题上，竭泽而渔，搞"大换血"，或杀鸡取卵，揠苗助长，都是不可取的。

第八节　球队与媒体的关系

风靡全球的排球运动，作为社会文化领域活跃的因子之一，必然与媒体有着千丝万缕的联系。在互联网时代，教练员和运动员如何协调与媒体的关系，是值得考量的课题。

在传统媒体时期，教练员和运动员面对媒体时，是被动的，媒体主导着舆论方向。因此，面对媒体采访时，被动一方都操着一些"训练有素"的话术套路，一方面要树立正面的形象，另一方面要避免给本人或全队带来不必要的不良舆论影响。由于是被动关系，被采访者的真实意愿有时会因为各种原因被扭曲甚至完全背离。

但在新媒体形式下，尤其是社交媒体的突起，给个人的意愿表达带来充分自由的通道。而这种不受约束的自由表达，一方面可以展示个人的独特性，进而扩展个人的影响力；另一方面因个人知识、素养等因素的局限，一些口无遮拦的不为广大粉丝所能接受的观点，又容易给其带来纷扰，甚至影响到其工作和生活。

知名运动员，属于公众人物，拥有广大的关注群体，其个人的言行，与以往几近封闭的环境相比，几乎没有隐私可言。运动员往往个性鲜明，善于表达自我，他们是这个伟大时代的践行者和推广者，享受着这个科技日益发达的社会为其带来的便捷。而对于教练员而言，由于所处环境，或已经成形的知识结构，以及对新鲜事物不断降低的敏感度，与年轻运动员相比，他们对新媒体形势的适应性和接受度，相对疲弱很多。

反映到具体的日常训练生活中，一方面，在新媒体时代，教练员和运动员的沟通日益紧密，信息传达更加便捷，这无疑是积极的一面；另一方面，由于社交媒体的发达，运动员容易沉迷于微博、微信、游戏，从而干扰了正常训练的作息及运动恢复，进而影响后续的训练质量。而如何正确处理运动员的这种沉迷，在新老观念冲突下，并不是一个简单的课题。

粗暴地没收运动员手机、电脑，实行半军事化管理，只能是短时间某个阶段的特殊行为（如比赛期间），但不可以也不可能长期实行。如何引导运动员正确使用电子产品，其实是一个新形势下的社会问题，一个值得关注的新课题，而且不仅限于体育领域。

作为教练员，对运动员在社交媒体上所发布的言论，应当提出要求与做出规范，不能没有原则和底线要求，不能任其由于价值观的向背而引发纷扰，继而影响到训练和比赛。知名运动员或球星更要自律与慎独，因为个人的哪怕是私人生活中的一点点瑕疵，在网络社会中也有可能被放大成为热点。此时，教练员还要为发生这类状况做好"亡羊补牢"，做好运动员的情绪疏导，帮助其回到正常的训练和生活轨道。

第四章

学习

当好一名称职的教练员，要不断提升自己的职业素质与执教能力，仅仅依靠自己当运动员的一些经验，或从昔日教练员那里学到的若干本领，或在体育院校学习的书本知识，是远远不够的。教练员需要勤奋学习，努力进取，要学习政治理论、时事政策、排球历史、专业知识等。

中国女排精神，是几代排球人创造的共同财富，是20世纪80年代由袁伟民率领的中国女排把它演绎得淋漓尽致的精神成果，是"第一批纳入中国共产党人精神谱系的伟大精神"，是全国人民学习的榜样。中国女排精神，新时代排球教练员和运动员，理应更加认真学习，深刻领会，付诸实践。

第一节　女排精神产生背景

中国女排精神的形成与发展，经历了一个艰难曲折的漫长过程。

中华人民共和国成立初期，排球运动群众基础较弱，技术水平不高，与当时世界排坛霸主苏联和东欧一些国家相比，难以望其项背。

党和政府十分关怀与重视体育事业，1952年毛泽东为中华全国体育总会的成立题词"发展体育运动，增强人民体质"，为我国体育工作指明了方向；1952年11月，成立中央体委，加强了对体育工作的领导，排球群众基础逐步夯实，技术水平不断提升。1956年9月，中国排球队首次在巴黎参加世界排球锦标赛，取得了女排第6名、男排第9名的可喜成绩，当时我是中国男排二传手。

我国排球界人士在20世纪50年代，学习苏联比较系统的排球教学训练理论与方法，在20世纪60年代学习中国人民解放军"一不怕苦，二不怕死"的革命精神和"从难、从严、从实战出发"精神，苦练技术本领；同时，学习日本女排教练员大松博文的严格训练、严格要求和大运动量训练方法。在这种形势下，国家体委根据贺龙副总理的要求，提出了运动队要有"三不怕"（不怕苦、不怕累、不怕难）和"五过硬"（思想过硬、身体过硬、技术过硬、训练过硬、比赛过硬）精神，以及"三从一大"科学训练原则。

一系列的学习与实践活动，使我国排球训练指导思想、精神风貌和训练水平发生了质的变化，当时排球界上下有一股奋发图强、为国争光的强烈愿望。于是到1966年"文化大革命"前夕，我国排球运动群众基础和技术水平达到了空前的规模与高度。彼时，各省、区、市、军队排球队都具有很强的实力，国家男子、女子排球队访欧比赛，可以与苏联排球队等世界强队相抗衡。形势令人鼓舞，世人刮目相看。

然而，受"文化大革命"影响，全国训练停顿，体育水平下降。排球界在挫折与困难面前不屈不挠，发愤图强。1972年4月9日，周恩来总理在广州二沙训练基地号召：要把体育运动水平搞上去。这极大鼓舞着运动队重整旗鼓，奋起直追，恢复训练秩序，掀起训练高潮。同年6月10日，为纪念毛泽东主席题词"发展体育运动，增强人民体质"发表20周年，在北京举行全国篮、排、足、乒、羽五项球类运动会，推动了全国体育领域训练热潮。同年11月，在北京召开三大球训练工作会议，总结20年排球训练经验，提出我国排球战术指导思想，规划3-5年发展方向，决定大力培育青少年运动员，并组织全国排球大集训。言出行随，雷厉风行。同年12月，国家体委经过调研论证，选定在福建省漳州市快速建成集训基地，组织男子、女子各6支青年队开展为期100天的大集训。此后，包括成年队在内，每年都组织行之有效的集训，并陆续开辟了其他几个新基地。

实行排球大集训，是一个可圈可点的创举。集训是所大学校，各队教练员和运动员可以互相观摩，互相学习，比学赶帮，共同提高；集训是座大熔炉，可以锤炼技术，磨炼意志，丰富智慧，增长才干；集训是个大赛场，可以以练为主，以赛促练，练赛结合，促进提高；集训是个大摇篮，可以发现新苗，精心培育，系统训练，打造人才；集训是个大家庭，各队团结协作，密切配合，互通有无，共同进步。

集训初期就提出"苦干三五年，打败日本和韩国"的奋斗目标。当时，日本排球队是世界冠军，韩国排球队为季军，打败他们，就意味着中国排球队冲出亚洲，雄冠世界。

伟大的毅力产生于伟大的目标。各队胸怀宏伟抱负，立志打翻身仗，在物质条件较差的情况下，进行超常艰苦的"三从一大"训练。通过多年艰苦的系统训练，我国排球开始形成多强对抗格局，积累了丰富的训练经验，造就了众多睿智教练员，涌现出大批优秀运动员，呈现出欣欣向荣、前所未有的大好形势。

第二节　女排精神形成过程

20世纪70年代中后期，中国几代排球人历尽磨难，在总结自己经验和学习他人长处的基础上，找到了一条遵循排球训练规律、恪守排球运动员成才法则、顺应世界排球技战术发展趋势、符合中国排球运动员特点的训练之路。在长期实践的过程中，胸怀祖国、刻苦训练、顽强比赛、团结友爱等女排精神因子逐步孕育而成，成为运动员日常训练与比赛有力的精神支柱。

受"文化大革命"影响，国家男、女排1974年在墨西哥参加世锦赛时，分别跌至第15名和第14名的历史最低点。为了养精蓄锐，"藏富于民"，调动地方积极性，以备他日东山再起，国家体委果断决定临时解散排球国家队，着力加强地方和军队排球队的建设。

1976年6月，国家体委审时度势，决定重新组建国家队，由袁伟民任女排主教练，戴廷斌任男排主教练，选拔的国家队队员大都是4年前在漳州参加集训、接受系统训练、掌握扎实功底的青年队员。

袁伟民初执教鞭，胸怀大志，责任心强，以身作则，严于律己，有丰富的排球阅历与长期训练的实践经验。袁伟民在江苏队4年、国家队12年，当了16年二传手，技术全面，具备良好品格，见多识广，博闻强识，到过几十个国家参加过无数次重大国际比赛，求知好学，善于思考，博采众长，敢为人先。这些基本素质决定了他有能力带好中国女排。

袁伟民不负众望，在助手和运动员的积极配合与共同努力下，较短时间内就把中国女排打造成一支拥有技术特点、战术风格、意志顽强、作风过硬、团结协作、有勇有谋、能打胜仗的队伍。中国女排1977年世界杯获得第4名，1978年世锦赛获得第6名，1979年亚锦赛夺取桂冠，均超出历史最好成绩。

1981年11月16日，中国女排在日本举行的第三届世界杯女子排球赛中首登世界杯冠军宝座，1982年在秘鲁又获世锦赛冠军，1984年在美国夺得奥运会金牌。1984年底，袁伟民出任国家体委副主任，1985年和1986年中国女排分别由邓若曾、张蓉芳执教，又在世界杯和世锦赛中连拔头筹，号称"五连冠"。

中国女排获得这些奇迹般的战绩，不是靠运气，而是拼本事，在日积月累中磨炼，彰显出胸怀祖国重托、立志为国争光、刻苦科学训练、驾驭精湛技术、正确运用战术、顽强拼搏比赛、紧密团结奋斗的精神。这支队伍表现出的顽强战斗、勇敢拼搏的精神风貌，被人们称为女排精神。

或许是月盈则亏，盛极必衰。由于主客观诸原因，中国女排获"五连冠"之后，走了一段挫折衰落的历程。21世纪初，排球形势否极泰来，出现转机。中国女排分别由陈忠和和郎平率队，承前启后，继往开来，继续传承与弘扬女排精神，先后获得3个世界杯和2个奥运会冠军。

第三节　女排精神能动作用

什么是女排精神？它与技术实力有什么关系？辩证唯物论认为，精神属于上层建筑的范畴，它必依附或根植于相应的物质基础之上，女排精神也不例外。物质是第一性的，精神是第二性的，但精神可以反作用于物质。

女排精神不是偶然出现的，它是如前所述中国几代排球人几经磨难、不断探索、共同缔造的结晶，是20世纪七八十年代由袁伟民和他的团队创建，由继任者陈忠和、郎平等教练员承上启下，发扬光大的。一代一代女排人通过日常的训练、比赛和学习、生活，把它演绎得淋漓尽致。女排精神是时势造就英雄、英雄引领时势的必然。

1984年洛杉矶奥运会，中国女排初战不利，在预赛中1比3败给美国女排，后过关斩将，一路艰辛，在决赛中又逢东道主。决赛首局跌宕起伏，在比分14平的关键时刻，袁伟民换上侯玉珠发球，第1个发球直接得分，第2个发球给我队造成打探头球的机会，16比14取胜。此后我队连胜2局，以3比0夺冠。人们赞赏袁伟民的魄力与胆识，也欣赏侯玉珠的沉着与技艺。这个现象看似偶然，却蕴含着事物的必然性。一是侯玉珠身怀绝技，二是袁伟民知人善用，三是美国女排本土作战想赢怕输。具备这3条，才会有连发两球得分的结果。恩格斯说过：“有谁曾经不冒一点风险，而打过胜仗？”关键时刻，需要有大无畏的勇气和魄力去冒点风险。但这种冒险不是莽撞和妄动，而是建立在平时苦练过硬本领的基础上，建立在对队员充分了解和信赖的基础上，建立在对临场双方情势分析的基础上。

2004年雅典奥运会，陈忠和率队在预赛中以3比0大胜俄罗斯队。冤家路窄，决赛中又遇老对手俄罗斯队，前两局以0比2大比分落后，危在旦夕，经过惊险奋战，连拔三城，最终以3比2胜出。

2016年里约热内卢奥运会，郎平带中国女排出师不顺，举步维艰，以小组第4名进入淘汰赛，后经披荆斩棘，排除万难，战胜了巴西女排、塞尔维亚女排等劲旅而折桂。这些战例都是技术与精神相互作用的典范，值得后人学习。

女排精神不是孤立存在的，它依附或根植于相应的技术实力基础之上。袁伟民在取得“三连冠”后，总结中国女排的技术优势，主要是技术全面，战术多变，高快结合，配合默契。时任国际排联主席阿科斯塔曾赞赏中国女排的打法代表了当代世界排球发展趋势。中国女排的技术优势，是以日常训练和比赛中培养出来的刻苦耐劳、意志坚定、顽强拼搏、奋勇进取等优良精神作风作为支撑的。

“艺高人胆大，胆大艺愈高”，这是对技术与精神辩证关系的精彩解读。高超技术实力是良好精神因素赖以存在的载体，良好精神因素可以使高超技术实力如虎添翼。没有实力基础，精神作用有限；反之，没有精神支撑，技术实力也难以充分发挥。因此，物质与精神、技术与作风相辅相成，互为因果，缺一不可。

不言而喻，望梅可以止渴，但画饼不能充饥。良好精神可以带动技术实力的发挥，但不能代替技术实力的作用。马克思指出："批判的武器当然不能代替武器的批判，物质力量只能用物质力量来摧毁；但是理论一经掌握群众，也会变成物质力量。"比赛的胜败较量，主要是通过发挥技术实力去实现的，技术实力的对抗，只能用技术实力去攻破。然而，良好精神一旦武装了运动员，就会产生强大的技术力量，使其更好地发挥威力。

第四节　女排精神永放光芒

2019年9月30日，习近平总书记在北京人民大会堂会见获得第十三届世界杯冠军的中国女排代表时指出："你们在赛场上展现了祖国至上、团结协作、顽强拼搏、永不言败的精神面貌。女排精神代表着一个时代的精神，喊出了为中华崛起而拼搏的时代最强音。"这是对女排精神的全面概括与精辟论述。习近平总书记的重要讲话增强了排坛人士的使命感和责任感，激发了国人的爱国热情、自信心和自豪感。

女排精神是中国几代排球人长期积淀的结晶，底蕴深厚，经过袁伟民、陈忠和及郎平等教练员率领的团队，得到进一步展现，是中华民族不可多得的瑰宝。女排精神的穿透力和辐射力，不受时空制约，其影响宽度超越了体育领域，感化深度不止于一代人。

可以预见，随着运动员身材、体能和进攻能力的提高，排球攻防对抗必将加剧，不但网上扣、拦技术争夺激烈，地面垫、传、防、保等技术的较量也吃重，攻防必须更加全面协调。技术、战术水平的不断发展，对女排精神也会提出新的要求，赋予女排精神新的内涵，如训练的艰苦性与科学性，比赛的预见性与计划性，以及调动人的能动作用等，必须进一步加强。这应是新时代中国排球界责无旁贷的任务。

"以史为镜，可以知兴替；以人为镜，可以明得失。"中国排球界要认真学习习近平总书记的重要论述，学习女排精神，学习唯物辩证法，学习中国排球史，学习排球专业知识，付诸实践和行动，把我国排球运动技术水平推向新的高度。